海纳百川

——青海历史文物展

青海省博物馆 编

文物出版社

图书在版编目（CIP）数据

海纳百川：青海历史文物展 / 青海省博物馆
编. — 北京：文物出版社，2023.5
ISBN 978-7-5010-7985-8

Ⅰ.①海… Ⅱ.①青… Ⅲ.①历史文物—青海—图录
Ⅳ.①K872.440.2

中国版本图书馆CIP数据核字（2023）第025357号

海纳百川——青海历史文物展

编　　者　青海省博物馆

执行统筹　张秀福
执行人员　孙　敏　张　轩　尚雅君　马嫦仪

责任编辑　冯冬梅
装帧设计　谭德毅
责任印制　张道奇

出　　版　文物出版社
社　　址　北京市东城区东直门内北小街2号楼
网　　址　http://www.wenwu.com
经　　销　新华书店
印　　刷　文物出版社印刷厂有限公司
开　　本　889mm×1194mm　1/16
印　　张　16.75
版　　次　2023年5月第1版
印　　次　2023年5月第1次印刷
书　　号　ISBN 978-7-5010-7985-8
定　　价　420.00元

展览组委会

总 统 筹：王进先

总 监 制：黄培培　元旦尖措

总 协 调：赵维山　王建新

内 容 设 计：象多杰本　龚　锐

形 式 设 计：龚　锐　象多杰本

审　　校：象多杰本　吴海涛　李琪美　李　金　李积英　郭娴英
　　　　　李光耀　樊雪丹　胡学捷　佛　音　宋　涛　焦艳宏
　　　　　龚　锐

布　　展：象多杰本　龚　锐　郭娴英　樊雪丹　李光耀　郭晓燕
　　　　　宋　昊　保　磊

文 物 管 理：李琪美　李　金　岳永芳　李　峰　李积英　才忠吉
　　　　　黄志成　山发霞　王倩玉

文 物 保 护：吴海涛　陈佳丽　韩秋琳　刘星星　贾　军　才让措
　　　　　谢倩文　张雪琳

数字化展示：王世威　龚　锐　宋　昊

宣 传 推 广：王世威　关婷婷　李　瑾

社 教 活 动：弓俭鸽　马　娟　宋　昊　陈　婷　刘亚墨

文 创 开 发：王佳颖　焦艳宏

督　　办：刘　丽　修国淼

文 物 安 保：刘海峰　保　磊　洛　源　张宇程　郭晓明

后 勤 保 障：董艳鸽　徐　锐　宋志成　马　馨　王庆纳　刘　乐

序 一

　　博物馆是保护和传承人类文明的重要场所，是一座城市的灵魂和展示窗口。作为青海省"民族团结进步示范区"建设成果展示的窗口和主阵地，青海省博物馆认真贯彻落实习近平总书记考察青海重要讲话精神，以铸牢中华民族共同体意识为主线，精心策划多项展览，使中华文化的丰富基因得以记录、传承和延续，以增进各族群众对中华文化的认同，促进各民族交流交往交融，持续壮大中华文化的生命力，保护中华文化的多样性，努力建设中华民族共有的精神家园。

　　近几年，青海省博物馆积极践行青海省委省政府"五四战略"和"一优两高"战略部署，作为推动青海省精神文明建设及文化强省建设的主要力量，青海省博物馆顺应时代发展要求，针对文物保护、利用中的难点问题和日益增长的全民文化遗产享用需求，以积极推动馆藏文物资源保护、研究、利用为目标，以全面提升文化教育传播能力为宗旨，开展一系列展览展示及宣传活动，特别是此次省博举办的"1+3"系列展览，以青海历史文物展为主要形式，用历史学、考古学为学术支撑，以丝绸之路为切入点，将青海在中华文明各历史阶段政治、经济、文化等方面所创造的辉煌成就进行集中展示。在打造"国际生态旅游目的地"的背景下，展示"一带一路"中"山宗水源路之冲"的青海，反映其厚重的历史文化。重点阐释青海历史文化多元性的同时，以不同视角展示其鲜明的地域文化特色，打造了全景式、深学术、宽艺术的展示效果。

青海历史文物展极具特色，通过丰富馆藏历史文物资源、创新文物展示方式，让文物"保"下来、"传"下来、"活"起来，讲好青海故事，以更好地在传承弘扬中华优秀传统文化、铸牢中华民族共同体意识方面发挥重要作用。

张宁

序
二

　　"青海历史文物展"是青海省博物馆全新打造的青海通史陈列展，主要以青海历史的文明进程为主线，从游牧与农耕的大视角切入，客观再现古代青海境内羌中道、吐谷浑道、唐蕃古道、青唐道、茶马古道的交通价值与历史风采，呈现青海由于地理位置的重要性所蕴含的多元地域文化特色。讲述青海故事，体现青海在"一带一路"战略倡议下的历史作用与现实意义。

　　"青海历史文物展"是省博"1+3"精品展览模式中的核心展览，在青海省委省政府、省文化和旅游厅、省文物局的大力支持下，展览如期完成，共展出文物 600 余件（套）。展览分为源远流长、汉治河湟、鲜卑西迁、吐蕃东进、青唐风云、多元一统六个部分，以图文并茂的图版和丰富多样的珍贵文物，配合场景、雕塑、视频、观众互动多媒体等展示手段进行综合展示，力求多层次、全方位展示青海历史发展沿革和人文变迁，使观众能更加生动直观地了解青海历史文化的发展脉络，纵览青海历史发展全貌。

　　如何将宏大叙事背景下的青海历史文化细致入微地呈现给观众，我们从展览的叙事架构、视角、内容同文物之间的关系做了大胆的尝试。一是丰富展览内容，增加如"西城驿齐家文化共同体""鲜卑西迁""乙弗勿敌国""乙弗皇后""粟特人在青海""都兰遗珍"等内容，更为全面地阐释青海历史文化。二是紧密结合国家"一带一路"战略，充分挖掘青海古道纵横的历史文化内涵，讲好青海在"一带一路"中的故事，展示过去有地位、现在有成就、未来有前景的新时代价值。三是新增了都兰县热水墓群出土金银器等一批珍贵文物，使得展览内容新颖、独特。让更多的文物见证青海历史。四是展陈设计巧妙地用"时空对话"的空间感，将远古与现代艺术审美相结合，勾勒出符合时代、地域、文化特点的沉静而壮阔的观展场景。整体空间布局采用组团式陈列的方式，以一条主线贯穿，多条辅线结合的形式，达到繁中有序、多中有度的展览布局，营造一种别样的观展氛围。

为更好地发挥博物馆"城市名片"和"城市会客厅"的作用，为城市绚丽的文化风景搭建展示舞台，青海省博物馆作为公众文化服务机构，有义务承担起国民教育"终身化"的职责，让公众了解文物及背后的故事，实现博物馆教育资源利用最大化，以"铸牢中华民族共同体"为主线，全面推进新时代民族团结进步事业和中华民族伟大复兴中国梦的新征程！

前　言

青海江河连东土，河滨山川通西陲！

距今约 3.7 万年，华北地区的先民进入青海，进行过季节性游猎活动。距今约 6000 年，仰韶文化人群徙居青海"东大门"，粟黍农业和彩陶文化进入河湟。5500 年前，马家窑文化的兴起使河湟地区成为我国原始彩陶文化的中心，4000 年前齐家文化人群的徙入使河湟地区踏进文明时代的门槛。

汉代，青海古羌人，卷入了中原王朝与匈奴的角逐，中原王朝的势力随之进入河湟。魏晋以降，中原板荡，诸胡涌入，来自辽东的鲜卑族吐谷浑部终在群羌故地建国。地跨数千里、立国三百余年的吐谷浑，在隋、唐与吐蕃接踵发力下灭国，青海又成了唐蕃交锋之前沿。"安史之乱"后，吐蕃一度控制青海百余年。11 世纪初，吐蕃之余绪建立了青唐政权，后亡于北宋。此后的金、西夏政权及元明清时期的大一统王朝，日益加强在青海地区的经营与统治。

在绵延几千年的政治、军事冲突与交锋中，一方面，青海这块土地上不断变易的主人因山川形胜之利而扼守冲要，一地之烽烟，每每与天下格局的变动互为因果；另一方面，此间多民族在青海的迁徙、融合与汇聚不绝如缕，连接周边、通往域外的交通干道亦次第开辟，成为丝绸之路、唐蕃古道和茶马古道的重要组成部分。

循着山、水、路，可追溯大美青海，泱泱河湟，源来这样……

目 录

第五部分　青唐风云

第六部分　多元一统

图版目录

第一部分　源远流长

THE FIRST PART
HAS A LONG HISTORY

青海悠久的历史和灿烂的文化是中华文明的重要源流和组成部分。距今 3.7 万年的旧石器时代晚期，人类已生活在这里。柴达木盆地、沱沱河沿岸、霍霍西里、昆仑山的三岔口和龙羊峡地区的黄河阶地、环青海湖地区、长江和黄河上游均发现旧石器时代晚期的打制石器。进入新石器时代，青海东部的河湟谷地都有古代文化遗存分布。河湟地区彩陶文化璀璨，被誉为史前艺术的明珠。

第一单元

石器时代

青海旧石器时代晚期人类活动的遗迹多存在于地表，缺乏地层依据。受到气候、水热资源的制约，青海地区的早期石器技术，主要是受宁夏"水洞沟"遗址为代表的华北旧石器技术影响发展而来的。新石器时代以后人类文化遗存多分布在东部河湟谷地，西部、南部高海拔地区较少。青海新石器时代文化呈现出本土因素、中原因素、周边因素荟萃的特色。

1. 旧石器时代

自 20 世纪 50 年代以来，我国科研、考古工作者先后在柴达木盆地边缘地区、环青海湖地区及长江、黄河源头均发现旧石器时代晚期遗迹，发掘和采集到许多打制石器标本。据测定冷湖 1 号地点距今有 3.7 万年。旧石器时代晚期，人类的生活方式和经济形态以狩猎、采集为主。

（1）冷湖 1 号地点

位于青海省海西蒙古族藏族自治州冷湖镇，海拔 2804 米。石器埋藏于保存良好的滩脊之内，调查时进行地表采集未发掘。对发现石器的相应层位采集的湖相泥炭进行测年，距今约 3.7 万年。该地点为青藏高原边缘地区发现的有准确年代数据的最早的旧石器时代遗址。

（2）小柴达木湖遗址

位于海西蒙古族藏族自治州大柴旦行政委员会辖区小柴达木湖南岸，是青海省已知有地层根据的最早的人类活动遗址。1984 年 6 月在湖滨阶地砾石层中发现旧石器遗物 100 多件，主要有刮削器、砍砸器等，均为打制工具，属旧石器时代晚期人类生产、生活石制遗物。

2. 中石器时代

中石器时代指旧石器时代向新石器时代过渡的阶段。开始于全新世初期，大约距今 1 万年。经济生活主要是渔猎和采集，使用的工具以细石器为主，也有局部磨光的石器，并发明了弓箭，使狩猎的生产效率大为提高。中国的西藏、青海等第一级地，因新石器时代发生较晚，存在着中石器时代。

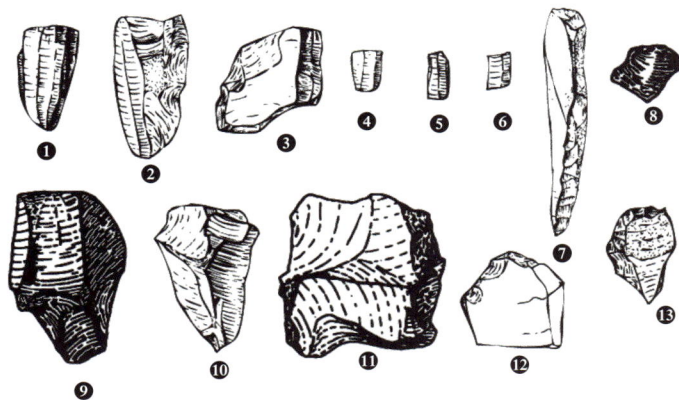

青藏高原边缘地区发现的晚更新世石器

1、2、3.细石核　4、5、6.细石叶断片　7.鸡冠状石叶　8.石片
9.石核　10.石片　11.有修理痕迹的石片　12、13.刮削器
（1、2、3、5、6、10、12、13——冬给措纳湖地点 4、7、8、9、
11——下大武地点）

拉乙亥遗址

位于海南州贵南县拉乙亥乡茫拉河与沙沟河之间黄河沿岸阶地上，距今 6700 年左右。该遗址是青海境内首次发现的全新世早期的文化遗址。填补了中石器时代文化在青海地理分布上的空白。

拉乙亥遗址发现有灶坑、红烧土等遗迹与石器、骨器等遗物。发掘石器有石锤、石核、石片、砍砸器、刮削器、研磨器等，此外还有骨锥、骨针、装饰品、颜料、动物骨骼等，没有发现陶器。研磨器的发现，表明采集经济已经出现。

3. 新石器时代

距今 6000 年前后，青海开始进入新石器时代。发现新石器时代文化地点逾千处，包括仰韶文化、马家窑文化、宗日文化等，主要分布于黄河及其支流湟水河谷地区，是黄河流域原始文明的主要组成部分。当时人们过着比较稳定的以原始农业为基础的定居生活，狩猎经济也占有一定的比例，彩陶制造业特别发达。

仰韶文化（距今约 7000—5000 年）

仰韶文化是黄河中上游流域最为著名的新石器时代文化，最早发现于河南省渑池县仰韶村，该文化分布在中原地区，其晚期向西延伸至青海东部黄河两岸及其支流区域，主要种植黍、粟为主的农作物。河湟仰韶文化受到青海西部使用细石器工具从事狩猎采集经济的土著文化的影响。

青海仰韶文化庙底沟类型（距今约 6000—5000 年）

青海地区发现的仰韶文化遗址基本属于晚期庙底沟类型。彩陶多为红地黑彩，图案主要由圆点纹、叶形纹、弧边三角纹及曲线纹组成的带状几何形纹饰。小口尖底瓶和曲腹彩陶盆是其代表器物。

仰韶文化晚期遗址远景（陶窑发现地）

陶窑

发现于化隆县群科镇安达其哈村，属仰韶文化晚期遗址。陶窑结构由火口（火膛）、窑室、烟道等组成。窑室内部被烧结硬化，烟道沿底部两侧向后呈"V"形通向地面，烟炱厚重，是青海省发现年代最早、保存较完整的陶窑遗址。

陶窑遗址

马家窑文化（距今约5300—4000年）

马家窑文化因首先发现于甘肃省临洮县马家窑村而得名，主要分布在甘肃、青海、宁夏、四川等地。它承接自仰韶文化庙底沟类型，按年代顺序分为石岭下、马家窑、半山、马厂四个类型，时间上延续了1500年左右。主要以农业为主，粟和黍是种植的主要作物，狩猎和畜养占有一定的比例。制陶业特别发达，在墓葬的随葬品中，彩陶的数量占有很高的比例。

青海省内马家窑文化主要分布于东起甘青交界、西至海南兴海、北抵大通、南达黄南隆务河流域的广大区域，文化面貌具有一定的地方特色，青海省目前尚未发现典型的石岭下类型遗存。

马家窑类型陶器纹样有旋涡纹、圆圈纹、蛙纹、鸟纹、鱼纹等。在瓶、盆、壶等器物上通体彩绘，是该类型彩陶纹饰的一个突出特点。

半山类型（距今约4700—4300年）

半山类型因最早发现于甘肃省广河县半山村而得名。半山类型的彩陶以壶、罐、瓶、钵等为常见。这一时期的纹饰出现黑红两彩相间的条带锯齿纹，绘在橙黄色陶器上，显得绚丽多彩。其主要图案有旋涡纹、葫芦纹、弦纹、网纹等，显然是继承了马家窑类型同类纹饰而又加以演变的结果。

柳湾墓地

位于乐都区高庙镇，总面积 11 万平方米，是迄今我国黄河上游已知的规模最大、保存最完整的原始公共墓地。1974—1980 年对该墓地进行了大规模的考古发掘，共清理马家窑文化半山类型墓葬 265 座、马厂类型墓葬 1041 座、齐家文化墓葬 419 座、辛店文化墓葬 5 座。随葬器物有生产工具、生活用品及装饰品三大类。柳湾墓地墓葬数量多，出土遗物丰富，年代跨度大，对研究甘青地区史前考古学文化的内涵、文化谱系的发展，以及探讨当时的社会形态、经济生活与埋葬习俗等都提供了大量的实物资料。

柳湾墓地共发掘墓葬 1730 座，出土文物多达 37925 件（套），包括陶器、石器、骨器、玉器等生产工具和生活用具。

柳湾墓地发掘现场

柳湾墓地全景

马厂类型（距今约 4300—4000 年）

马厂时期的彩陶器形更为丰富，除了常见的壶、钵、罐等器物外，还出现了双联罐、鸭形壶等新型器物。引人注目的是在部分器物表面捏塑有人像，与彩绘纹饰组合在一起，形成一种新的艺术表现形式。马厂类型彩陶代表性的纹饰为四大圆圈纹、蛙纹、连弧纹、回纹、菱形网格纹等。

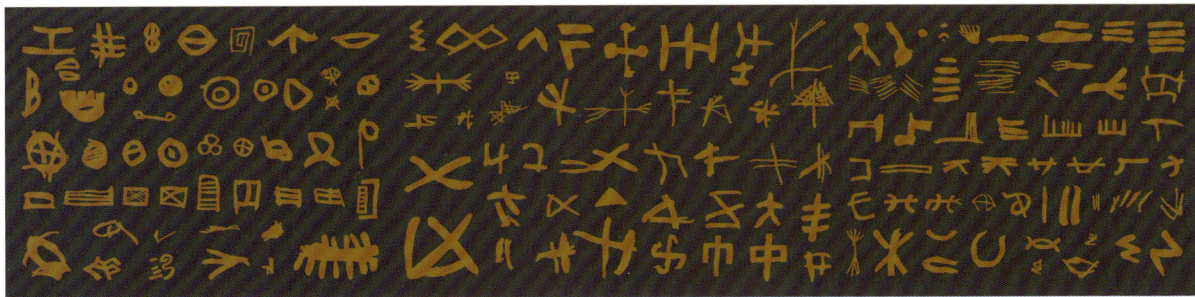

柳湾墓地彩陶彩绘符号

　　柳湾墓地是史前考古发掘中发现原始符号数量最大、种类最多的遗迹，如按陶器计算，带有符号的彩陶大约占了彩陶总数的1/13，按墓葬计算，平均3.7座马厂时期的墓葬中就有一座墓中出有带符号的陶器，柳湾彩陶中经过整理的符号至少有195种。这些彩绘符号可能与中国原始文字、氏族制陶作坊的标志、氏族的徽号等有关。

宗日文化（距今约5300—4000年）

　　宗日文化因发现于青海省海南藏族自治州同德县宗日遗址而命名，距今约5300年，"宗日"系藏语地名，意为"人类聚居的地方"。遗址位于黄河岸边的二级台地。该文化目前发现仅分布于贵德、共和盆地，其陶器以夹砂陶和夹砂彩陶为代表。

　　宗日文化与马家窑文化并行发展一千多年，受马家窑文化的影响，是两种文化交流发展的结果。宗日陶器中有相当数量的绳纹和附加堆纹的陶器，白色陶衣上描紫红色彩，绘折线纹或鸟纹。

石棺

石椁木棺

火焚木椁痕迹

宗日遗址

刮削器

旧石器时代，距今约 23000 年
长 6 厘米、宽 4.5 厘米、厚 1.8 厘米
海西州小柴达木湖遗址采集
青海省博物馆藏

砍砸器

旧石器时代，距今约 23000 年
长 8.6 厘米、宽 5.5 厘米、高 4.6 厘米
海西州小柴达木湖遗址采集
青海省博物馆藏

尖状器

旧石器时代，距今约 23000 年
长 11.4 厘米、宽 6.7 厘米、厚 7.2 厘米
海西州小柴达木湖遗址采集
青海省博物馆藏

细石核

中石器时代，距今约 6700 年
长 2 厘米、宽 1 厘米
贵南县拉乙亥遗址出土
青海省博物馆藏

骨针

中石器时代，距今约 6700 年
长 6.1 厘米，长 5 厘米，长 4.9 厘米，长 3.6 厘米
贵南县拉乙亥遗址出土
青海省博物馆藏

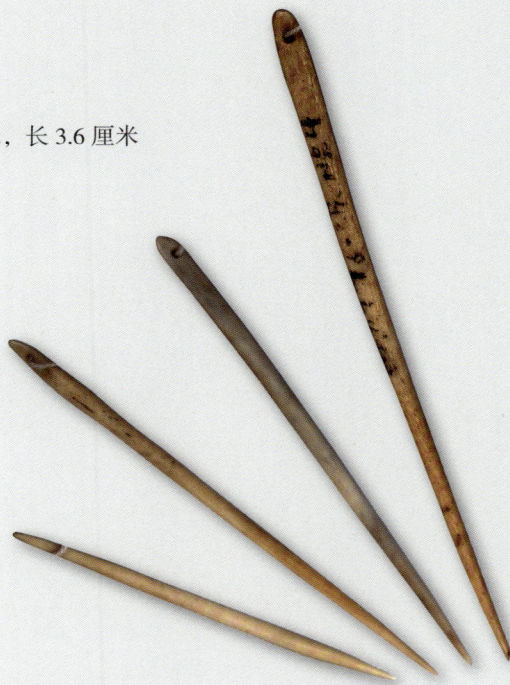

研磨器

中石器时代，距今约 6700 年
长 24.5 厘米、宽 1.8 厘米、厚 1.5 厘米
贵南县拉乙亥遗址出土
青海省博物馆藏

石斧

新石器时代，距今约 5000 年
长 24.8 厘米、宽 7.9 厘米、厚 4.4 厘米
青海省博物馆藏

曲腹彩陶盆

距今约 5500—5000 年
高 22 厘米、口径 23.7 厘米、腹径 26 厘米、底径 11 厘米
仰韶文化庙底沟类型，民和县阳洼坡遗址出土
青海省博物馆藏

陶刀

距今约 5500—5000 年
长 8.5 厘米、宽 3.7 厘米、厚 0.7 厘米
仰韶文化，民和县阳洼坡遗址出土
青海省博物馆藏

石臂穿

新石器时代，距今约 5300—4700 年
上口径 8 厘米、下口径 8.3 厘米、高 14.3 厘米
同德县宗日遗址出土
青海省博物馆藏

陶环

距今约 5500—5000 年
直径 6 厘米、内径 3.7 厘米、厚 1 厘米
仰韶文化，民和县阳洼坡遗址出土
青海省博物馆藏

刻划纹陶纺轮

距今约 5500—5000 年
直径 8.4 厘米、厚 1.2 厘米
仰韶文化，民和县新民阳山墓地采集
青海省博物馆藏

双人抬物纹彩陶盆

距今约 5300—4700 年
高 11.3 厘米、口径 24.5 厘米、腹围 24.5 厘米、底径 9.8 厘米
马家窑文化马家窑类型，同德县宗日遗址出土
青海省博物馆藏

鱼纹彩陶瓮

距今约 5300—4700 年
高 34.1 厘米、口径 24.5 厘米、腹径 31.2 厘米、底径 15.2 厘米
马家窑文化马家窑类型，同德县宗日遗址出土
青海省博物馆藏

圆点网纹彩陶瓶

距今约 5300—4700 年
高 28.8 厘米、口径 13 厘米、腹径 28.7 厘米、底径 12.5 厘米
马家窑文化马家窑类型，民和县拱北台遗址出土
青海省博物馆藏

黑白弦纹彩陶罐

距今约 5300—4700 年
高 20.4 厘米、口径 19.5 厘米、腹径 29.5 厘米、底径 11.9 厘米
马家窑文化马家窑类型，同德县宗日遗址出土
青海省博物馆藏

弧线网纹彩陶盆

距今约 5300—4700 年
高 15.5 厘米、口径 27.2 厘米、腹径 30 厘米、
底径 12.9 厘米
马家窑文化马家窑类型，同德县宗日遗址出土
青海省博物馆藏

网纹彩陶壶

距今约 5300—4700 年
高 16.5 厘米、口径 12.9 厘米、腹径 23.5 厘米、
底径 10.9 厘米
马家窑文化马家窑类型，同德县宗日遗址出土
青海省博物馆藏

十字形圆点纹敛口彩陶瓮

距今约 5300—4700 年
高 25.5 厘米、口径 11.2 厘米、腹径 30 厘米、
底径 12.7 厘米
马家窑文化马家窑类型，同德县宗日遗址出土
青海省博物馆藏

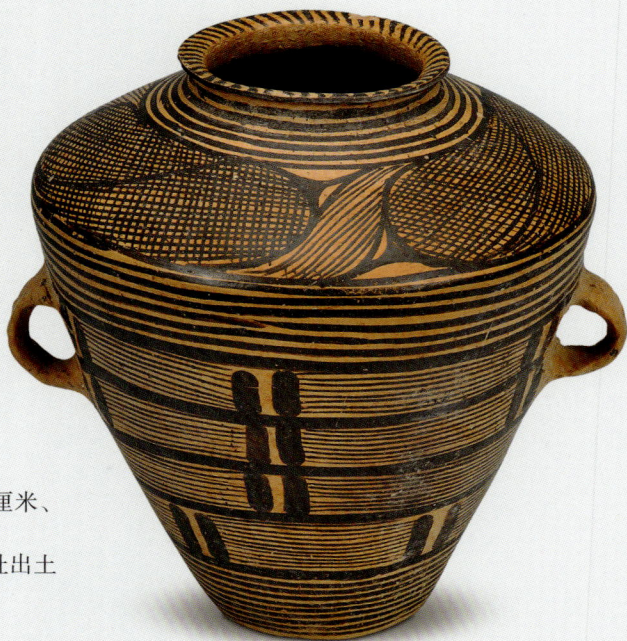

弦线网纹彩陶瓮

距今约 5300—4700 年
高 26.1 厘米、口径 10.6 厘米、腹径 23 厘米、
底径 8.7 厘米
马家窑文化马家窑类型，同德县宗日遗址出土
青海省博物馆藏

几何纹三联彩陶壶

距今约 5300—4700 年
高 36 厘米、口径 10 厘米、底径 9.4 厘米
马家窑文化马家窑类型，同德县宗日遗址出土
青海省博物馆藏

同心圆内彩陶盆

距今约 5300—4700 年
高 11.5 厘米、口径 31 厘米、腹径 29 厘米、底径 10.5 厘米
马家窑文化马家窑类型，民和县核桃庄遗址出土
青海省博物馆藏

波纹彩陶钵

距今约 5300—4700 年
高 8 厘米、口径 13.5 厘米、腹径 13.6 厘米、底径 5.5 厘米
马家窑文化马家窑类型，大通县上孙家寨墓地出土
青海省博物馆藏

圆点弦纹彩陶壶

距今约 5300—4700 年
高 46.8 厘米、口径 13.6 厘米、
腹径 32.5 厘米、底径 16.2 厘米
马家窑文化马家窑类型，民和
县拱北台遗址出土
青海省博物馆藏

双孔石刀

距今约 5300—4700 年
长 6.4 厘米、宽 3.5 厘米、厚 0.8 厘米
马家窑文化马家窑类型，尖扎县拉毛遗址出土
青海省博物馆藏

石磨光器

距今约 5300—4700 年
长 10.6 厘米、宽 6.6 厘米、厚 2.6 厘米
马家窑文化马家窑类型，民和县喇家遗址出土
青海省博物馆藏

葫芦纹彩陶壶

距今约 4700—4300 年
高 30.8 厘米、口径 15.5 厘米、腹径 23.3 厘米、
底径 13.5 厘米
马家窑文化半山类型
青海省博物馆藏

网纹长颈彩陶壶

距今约 4700—4300 年
高 14.9 厘米、口径 6 厘米、
腹径 12.6 厘米、底径 6 厘米
马家窑文化半山类型，同德县宗
日遗址出土
青海省博物馆藏

贝形纹彩陶壶

距今约 4700—4300 年
高 14.3 厘米、口径 6.57 厘米、
腹径 14 厘米、底径 6 厘米
马家窑文化半山类型，同德县宗
日遗址出土
青海省博物馆藏

叶纹彩陶壶

距今约 4700—4300 年
口径 13.5 厘米、底径 11.5 厘米
马家窑文化半山类型，循化县丹麻墓地出土
青海省博物馆藏

弦纹折线纹彩陶鼓

距今约 4700—4300 年
高 43.4 厘米、下口径 25.5 厘米、上口径 13.9 厘米
马家窑文化半山类型，民和县新民阳山墓地出土
青海省博物馆藏

对称圈纹彩陶壶

距今约 4700—4300 年
高 28.1 厘米、口径 15 厘米、
腹径 39 厘米、底径 11.3 厘米
马家窑文化半山类型，同仁县
保安遗址出土
青海省博物馆藏

"S"纹彩陶壶

距今约 4700—4300 年
高 40.6 厘米、口径 10.2 厘米、
腹径 34 厘米、底径 12 厘米
马家窑文化半山类型
青海省博物馆藏

旋涡纹彩陶壶

距今约 4700—4300 年
高 31.2 厘米、口径 17.8 厘米、腹径 34 厘米、底径 12.4 厘米
马家窑文化半山类型，民和县新民阳山墓地出土
青海省博物馆藏

菱形纹带盖彩陶壶

距今约 4300—4000 年
高 33.5 厘米、口径 16.8 厘米、腹径 29.6 厘米、底径 10.5 厘米
马家窑文化马厂类型，民和县山城遗址出土
青海省博物馆藏

蛙纹彩陶壶

距今约 4300—4000 年
高 35.7 厘米、口径 9.8 厘米、腹径 39 厘米、底径 11 厘米
马家窑文化马厂类型，民和县山城遗址出土
青海省博物馆藏

青海柳湾出土的马厂类型蛙纹彩陶壶　　蛙纹演变

折线纹人头彩陶壶

距今约 4300—4000 年
高 16.5 厘米、口径 8.03 厘米、腹径 17.6 厘米、底径 8 厘米
马家窑文化马厂类型，民和县山城遗址出土
青海省博物馆藏

菱形网纹四耳彩陶罐

距今约 4300—4000 年
高 7.4 厘米、口径 13 厘米、腹径 13.3 厘米、底径 7.2 厘米
马家窑文化马厂类型，民和县新民阳山墓地出土
青海省博物馆藏

十字纹双联彩陶罐

距今约 4300—4000 年
高 7.7 厘米，口径 10.2、9.6 厘米，通长 22.6 厘米，
腹径 11.2、10.2 厘米，底径 4.5、4.5 厘米
马家窑文化马厂类型，民和县大塬遗址出土
青海省博物馆藏

十字网纹内彩陶盆

距今约 4300—4000 年
高 6 厘米、口径 17.8 厘米、底径 9.3 厘米
马家窑文化马厂类型，民和县新民阳山墓地出土
青海省博物馆藏

涡纹彩陶豆

距今约 4300—4000 年
高 9.7 厘米、口径 16.4 厘米、足径 8.4 厘米
马家窑文化马厂类型
青海省博物馆藏

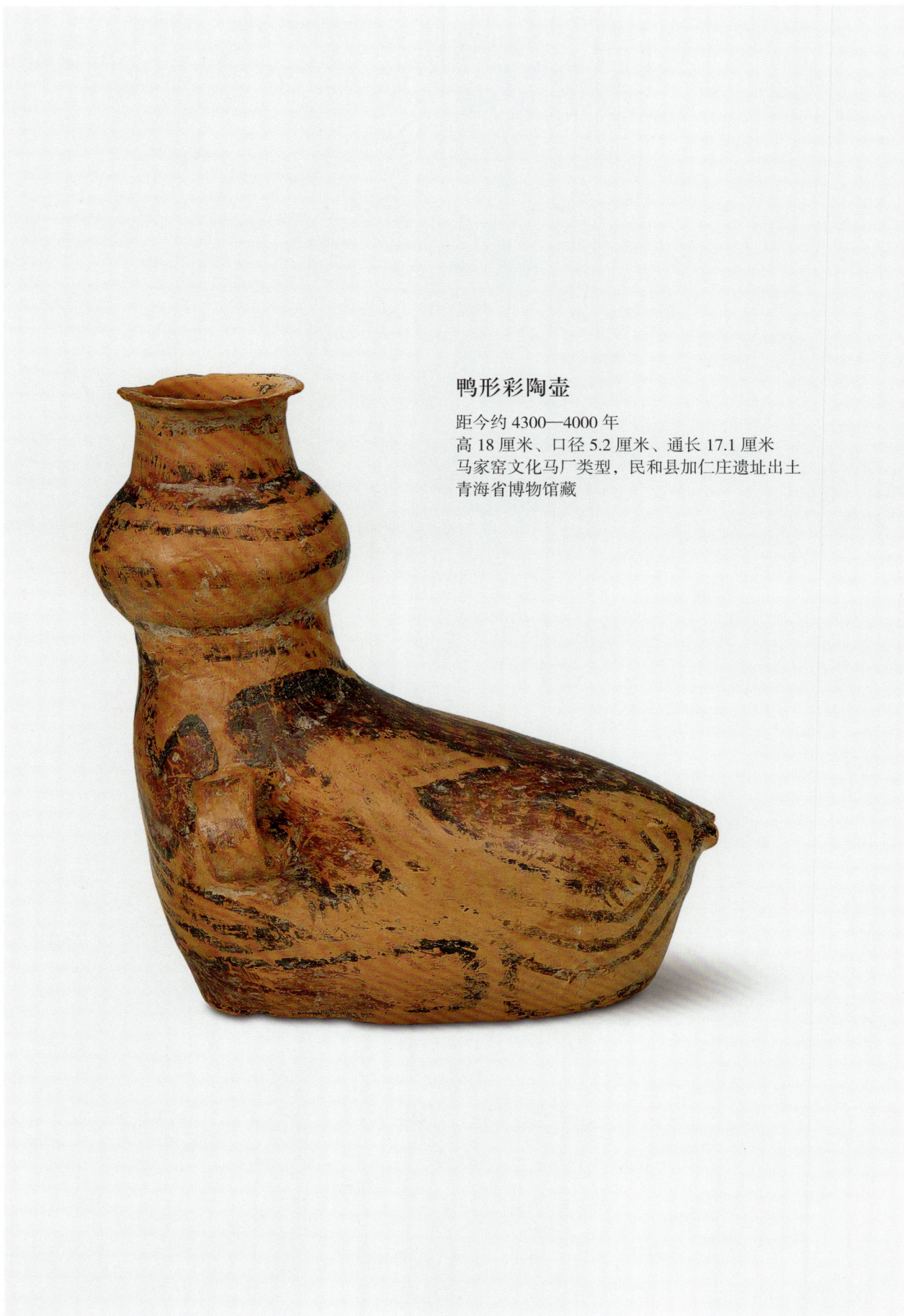

鸭形彩陶壶

距今约 4300—4000 年
高 18 厘米、口径 5.2 厘米、通长 17.1 厘米
马家窑文化马厂类型，民和县加仁庄遗址出土
青海省博物馆藏

"Z" 纹彩陶罐

距今约 4300—4000 年
高 9.7 厘米、口径 9.2 厘米、腹径 12.2 厘米、底径 5.4 厘米
马家窑文化马厂类型，民和县李家塬遗址出土
青海省博物馆藏

折线纹彩陶壶

距今约 5300—4000 年
高 9 厘米、口径 3.4 厘米、腹径 7.5 厘米、底径 3.4 厘米
宗日文化，同德县宗日遗址出土
青海省博物馆藏

竖条纹带把彩陶碗

距今约 5300—4000 年
高 10.5 厘米、口径 14.9 厘米、底径 6.6 厘米
宗日文化，同德县宗日遗址出土
青海省博物馆藏

折线纹彩陶壶

距今约 5300—4000 年
高 12 厘米、口径 5.2 厘米、腹径 10.07 厘米、
底径 5.6 厘米
宗日文化，同德县宗日遗址出土
青海省博物馆藏

陶埙

距今约 5300—4000 年
长 6.4 厘米、宽 4.6 厘米
宗日文化，同德县宗日遗址出土
青海省博物馆藏

石球

距今约 5300—4000 年
直径 4.3 厘米
宗日文化，同德县宗日遗址出土
青海省博物馆藏

凹背穿孔石刀

距今约 5300—4000 年
长 9 厘米、宽 6.3 厘米、厚 1.2 厘米
宗日文化，同德县宗日遗址出土
青海省博物馆藏

石铲

距今约 5300—4000 年
长 14.5 厘米、宽 9.8 厘米、厚 0.8 厘米
宗日文化，同德县宗日遗址出土
青海省博物馆藏

骨珠

距今约 5300—4000 年
长 51.5 厘米
宗日文化，同德县宗日遗址出土
青海省博物馆藏

牙饰（一）

距今约 5300—4000 年
长 9 厘米、宽 2 厘米、厚 0.3 厘米
宗日文化，同德县宗日遗址出土
青海省博物馆藏

牙饰（二）

距今约 5300—4000 年
长 9.4 厘米、宽 2 厘米、厚 0.6 厘米
宗日文化，同德县宗日遗址出土
青海省博物馆藏

刻划纹骨饰片

距今约 5300—4000 年
长 10.8—11.5 厘米、宽 0.8—3 厘米
宗日文化，同德县宗日遗址出土
青海省博物馆藏

骨钩

距今约 5300—4000 年
长 5.5 厘米、宽 1 厘米、厚 0.6 厘米
长 5 厘米、宽 0.8 厘米、厚 0.3 厘米
宗日文化，同德县宗日遗址出土
青海省博物馆藏

贝饰

距今约 5300—4000 年
长 1.3—1.5 厘米、宽 1—1.2 厘米
宗日文化，同德县宗日遗址出土
青海省博物馆藏

水晶饰

距今约 5300—4000 年
长 1.7 厘米、宽 1.1 厘米、厚 0.5 厘米，
长 1.8 厘米、宽 1.25 厘米、厚 0.6 厘米，
长 2.2—1.25 厘米、厚 0.4—0.5 厘米
宗日文化，同德县宗日遗址出土
青海省博物馆藏

带穿绿松石

距今约 5300—4000 年
长 17.5 厘米、宽 6.5 厘米、厚 1.8 厘米
宗日文化，同德县宗日遗址出土
青海省博物馆藏

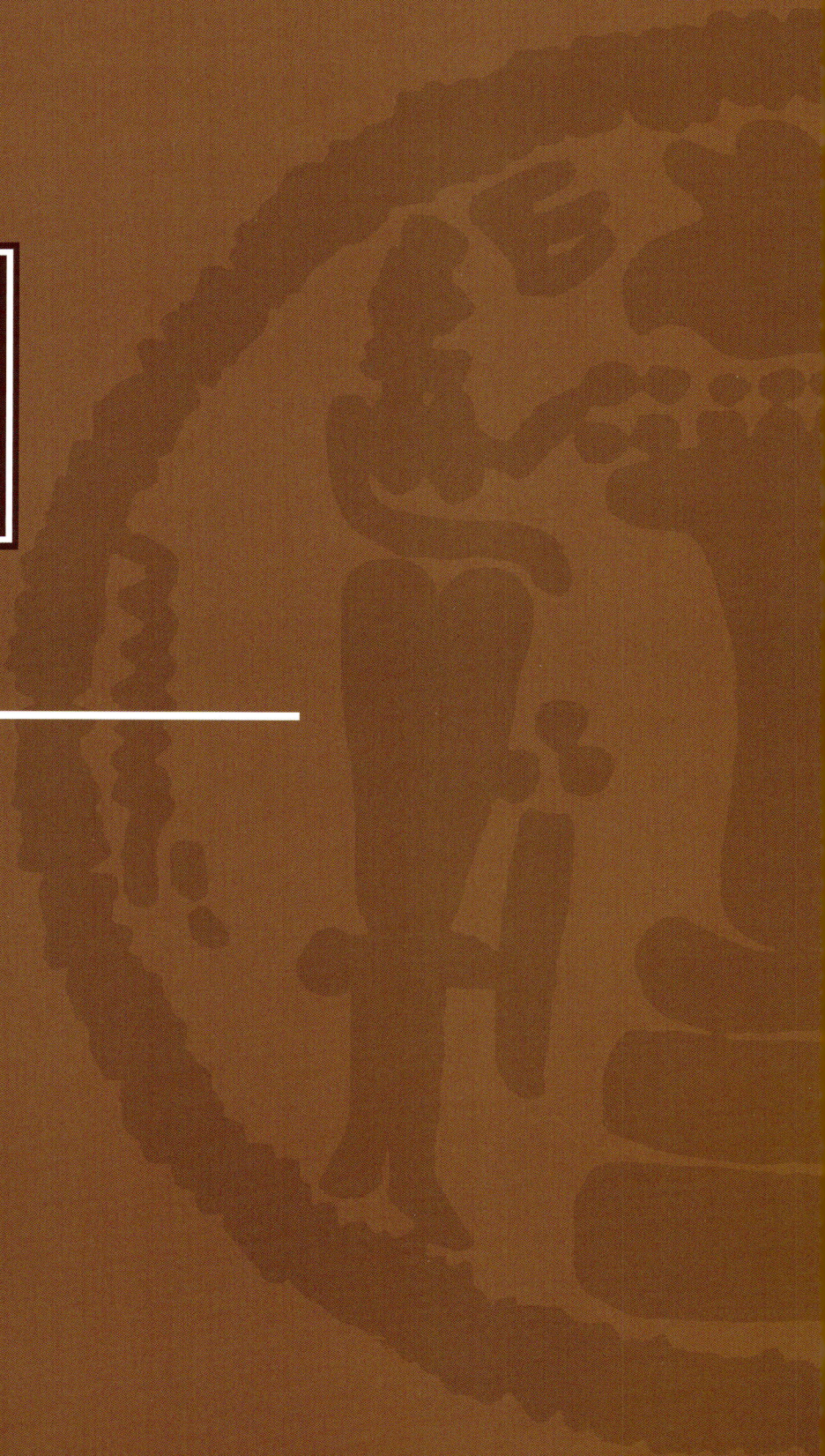

青铜时代

第二单元

距今 4000 年前后，青海地区逐渐进入青铜时代，延续时间达 2000 年之久，是本土文化发展的重要阶段。甘青地区马家窑文化、齐家文化一脉相承，属于先羌文化。青海境内的辛店文化、卡约文化、诺木洪文化等是齐家文化发展的结果，它们都是羌人遗存。

青铜时代，出现了大规模的畜牧业经济，羌人适应自然、征服自然的能力有所提高。青铜器的冶炼加工技术日益成熟，器物有生产生活用具、兵器和装饰品等。青铜器的使用促进了原始生产力的发展，拓展了经济活动的范围。

齐家文化（距今约 4200—3600 年）

齐家文化在距今 4000 年前后逐步取代了马家窑文化，为铜石并用时代。陶器造型新颖别致，质地细腻，打磨光滑，制陶技术相当成熟，普遍使用轮制。在青海地区所发现的彩陶数量不多，彩陶多用酱红或橘红色颜料绘制纹样，高领折肩壶、双大耳罐是其典型器物。

羌人之地

羌人是中国远古时期一个古老的族群，至少在 3600 年前就活跃在中国西部地区，青海是羌人活动的主要地区，分布在青海境内的辛店文化、卡约文化和诺木洪文化等都是羌人遗存，其时间相当于中原夏、商、周及秦汉时期。

第一位羌人首领——无弋爱剑

秦厉公（公元前 476—前 443 年）时，戎人无弋爱剑被秦国俘获，学到了中原先进的农牧生产知识，后来逃回河湟，将耕稼和养畜技术传授给羌人，受到羌人拥戴，是有历史记载的第一位羌人首领。

无弋爱剑的曾孙"忍及弟舞独留湟中，并多娶妻妇，忍生九子为九种，舞生十七子为十七种，羌之兴盛，从此起矣"。

中国最早的文字——甲骨文中就有许多关于"羌"的记载，"羌"字由上面的"羊"和下面的"人"两部分组成，会意与羊有关的人。

羌人"所居无常，依随水草，地少五谷，以产牧为业"。《后汉书·西羌传》记载："诸羌见爱剑初焚不死，怪其神，共畏事之。推以为豪。河湟间少五谷，多禽兽，以射猎为事，爱剑教之田畜，遂见敬信。"可见羌人以畜牧为主，兼有一些农业种植。

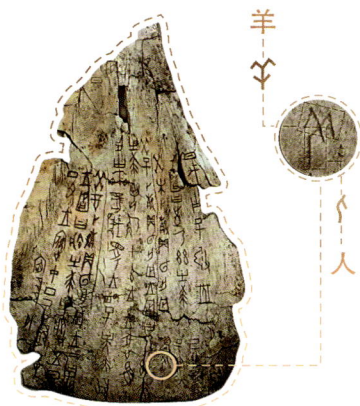

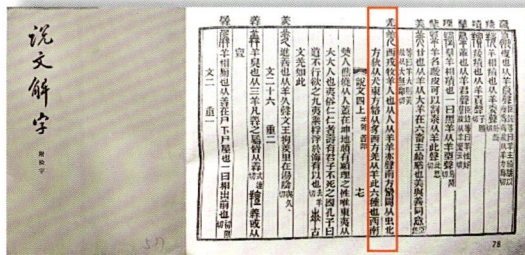

《说文解字》中关于羌人的记载

羌人是中国最古老的族群之一，在中华民族多元一体格局形成与发展的过程中发挥了极其重要的作用。现代汉族、藏族、土族、彝族、白族、怒族、纳西、哈尼、拉祜、普米、傈僳、独龙、景颇、门巴、珞巴、基诺、阿昌等十几个民族都流淌着羌人的血液。

辛店文化（距今约 3600—2800 年）

辛店文化最早发现于甘肃省临洮县辛店村，主要分布于黄河上游及其支流，是我国西北地区青铜时代主要文化之一。在青海地区主要分布于黄河上游、湟水流域。彩陶主要以彩绘双勾纹的双耳罐和腹耳壶为典型器物，纹饰多表现鹿、狗、羊、鸟等动物形象。生产工具有石器、骨器，种类有刀、斧、铲、镞等，铜器以小件为主。辛店文化的农业比较发达，畜牧业和狩猎业则是经济生活的重要补充。

卡约文化（距今约 3500—2600 年）

卡约文化发现于青海省西宁市湟中区李家山卡约村。"卡约"一词为藏语地名，意为山口前之平地，是青海地区较为发达的一支土著青铜文化，遗存数量达 1800 余处。其经济形态主要以畜牧业为主，制陶业不甚发达，陶器的质地比较粗糙，纹饰多用红彩和黑彩，常见鹿纹和大角羊纹等动物图案。卡约文化晚期流行一种颇具特色的勾连旋涡纹，成为其典型标识。此时冶铜技术较发达，出土铜器数量较多，常见镜、泡、铃、钺、戈、矛等。生产工具以石器为主，有刀、铲、斧、锛等。

青铜时代装饰品的数量和种类丰富，其中卡约文化墓葬中装饰品数量可达随葬品总数的 90% 以上。装饰品由铜、石、骨、牙、蚌等不同质料加工而成。骨质的有笄、珠、管等。骨管制作精致，刻划动物形态生动逼真。石质的有珠和璧等。贝饰有石贝、骨贝、海贝和金贝等，多在其一端穿小孔。此外还有用鹿牙、狗牙等做成的装饰品。

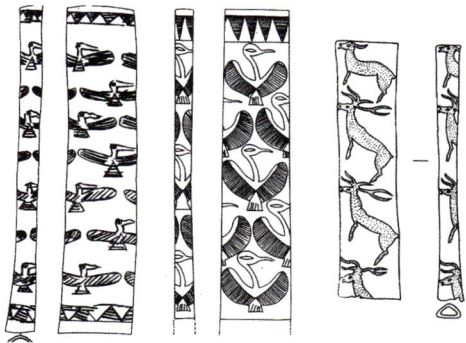
卡约文化装饰品

唐汪类型陶器

唐汪类型陶器发现于甘肃省东乡县唐汪川，主要分布于湟水流域及其支流。器型有双大耳罐、双耳罐、四耳罐、单耳罐、单耳杯、豆、鬲等。彩陶一般施红陶衣，多以黑彩构图。纹饰多为连续涡纹。与辛店、卡约文化有着某种程度的传承关系。

诺木洪文化（距今约 3300—2800 年）

诺木洪文化发现于青海省海西蒙古族藏族自治州都兰县诺木洪塔里他里哈，与卡约文化有密切联系，具有很强的地域性，分布范围仅限于青海柴达木盆地及其周边地区。出土器物有陶、石、骨、铜器和毛织品，陶器以夹砂陶为主，器物类型有双耳罐、单耳罐、四耳罐、盆、瓮等，纹饰以压印纹、篮纹为主，多为素面。石器和骨器多为农业生产工具，铜器有斧、銎、刀、钺及铜渣等，器形有刀、铲、镞、凿、匕等，遗址中还发现大量牛、羊等动物骨骼。

诺木洪遗址出土的毛织品，原料以羊毛为主，分别用经纬线编织和人字形编织的技法，其中还有经过染色的毛布，毛纺织技术已相当成熟。

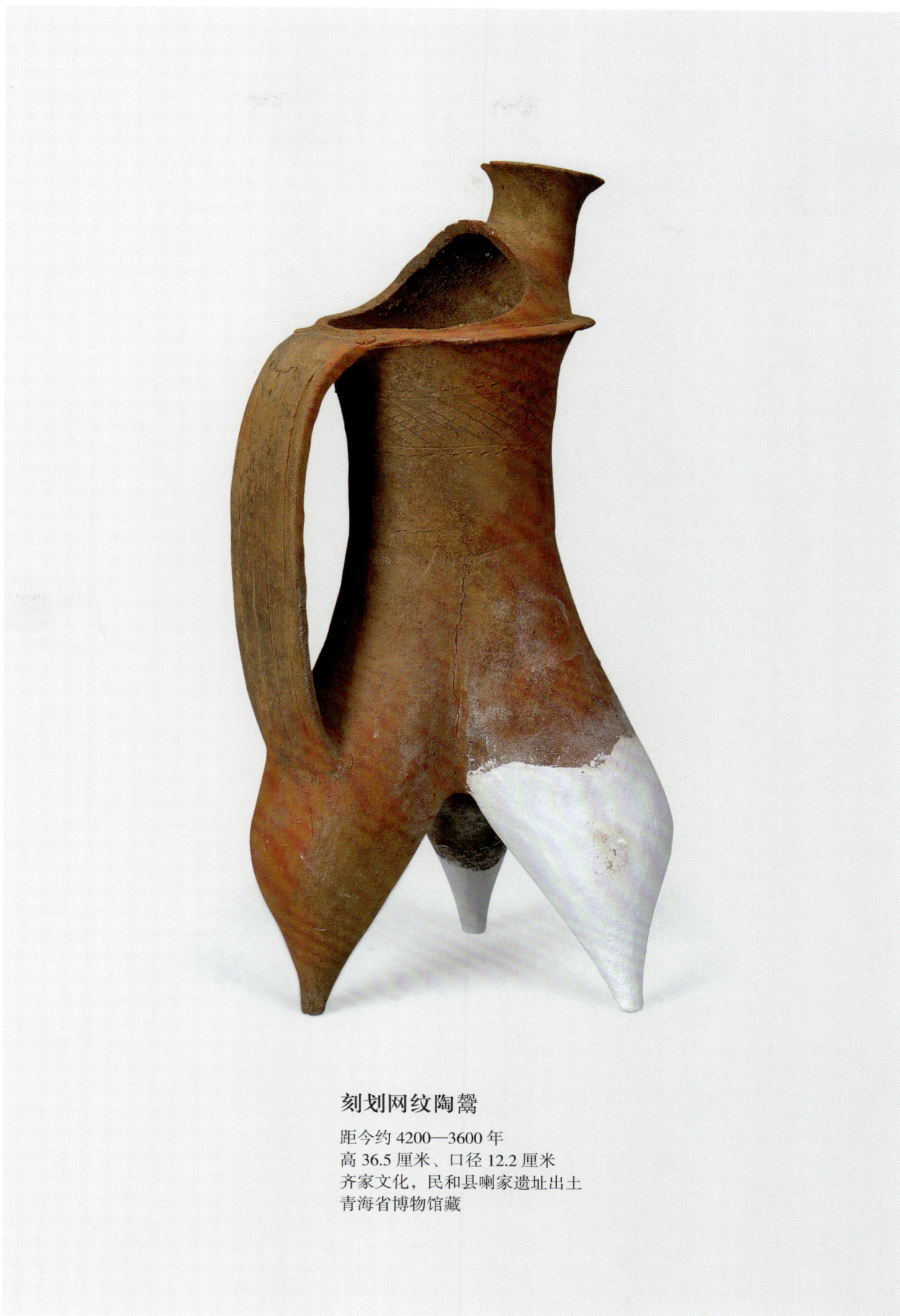

刻划网纹陶鬶

距今约 4200—3600 年
高 36.5 厘米、口径 12.2 厘米
齐家文化，民和县喇家遗址出土
青海省博物馆藏

绳纹鸮面粗陶罐

距今约 4200—3600 年
高 20.8 厘米、口径 10.9 厘米、腹径 15.5 厘米、底径 8.3 厘米
齐家文化，乐都区柳湾墓地出土
青海省博物馆藏

双大耳陶罐

距今约 4200—3600 年
高 12 厘米、口径 9.2 厘米、腹径 11.7 厘米、
底径 4.5 厘米
齐家文化，贵南县尕马台遗址出土
青海省博物馆藏

三耳陶罐

距今约 4200—3600 年
高 11.1 厘米、口径 10.1 厘米、腹径 5.1 厘米
齐家文化，民和县喇家遗址出土
青海省博物馆藏

篮纹带盖灰陶壶

距今约 4200—3600 年
高 32.9 厘米、底径 12.6 厘米、腹围 25.4 厘米
齐家文化，民和县喇家遗址出土
青海省博物馆藏

双口提梁彩陶罐

距今约 4200—3600 年
高 22 厘米、口径 7.5 厘米、腹径 17 厘米、底径 7.5 厘米
齐家文化，民和县喇家遗址出土
青海省博物馆藏

条纹彩陶靴

距今约 3600—2800 年
高 11.4 厘米、口径 6.8 厘米、底长 14.3
厘米、靴面厚 5 厘米
辛店文化，乐都区柳湾墓地出土
青海省博物馆藏

鸟纹彩陶壶

距今约 3600—2800 年
高 34.7 厘米、口径 15.3 厘米、
腹径 31 厘米、底径 8.2 厘米
辛店文化，民和县小旱地墓地出土
青海省博物馆藏

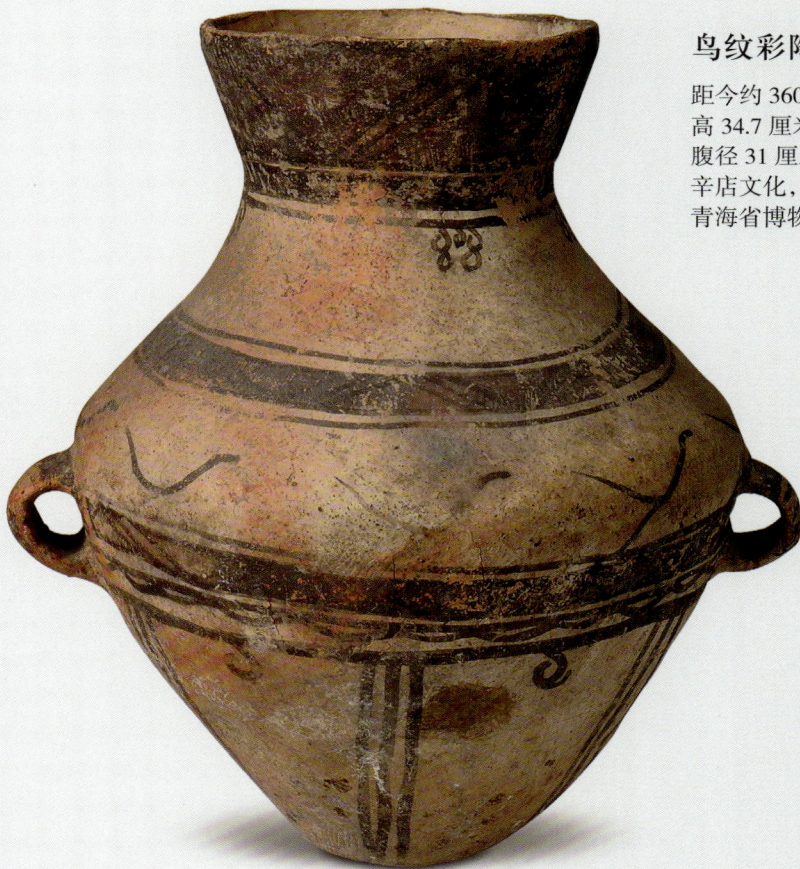

鹿纹彩陶瓮

距今约 3600—2800 年
高 60.5 厘米、口径 32.5 厘米、腹径 47 厘米、
底径 15.5 厘米
辛店文化，乐都区双二东坪遗址出土
青海省博物馆藏

双勾纹鞍形口彩陶罐

距今约 3600—2800 年
高 14.9 厘米、口径 8.6 厘米、腹径 12.6 厘米
辛店文化，民和县小旱地墓地出土
青海省博物馆藏

太阳纹彩陶罐

距今约 3600—2800 年
高 24.9 厘米、口径 12.3 厘米、腹径
19 厘米、底径 7 厘米
辛店文化，民和县小旱地墓地出土
青海省博物馆藏

涡纹彩陶壶

距今约 3200 年
高 22 厘米、口径 11.5 厘米、腹径 16 厘米、底径 5 厘米
唐汪类型，互助县张卡山遗址出土
青海省博物馆藏

弦纹彩陶豆

距今 3200 年
高 11.5 厘米、直径 10 厘米
唐汪类型，大通县上孙家寨墓地出土
青海省博物馆藏

涡纹彩陶鼎

距今 3200 年
高 19.3 厘米、口径 13.2 厘米、腹径 17.6 厘米
唐汪类型，互助县张卡山遗址出土
青海省博物馆藏

石斧

距今约 3300—2800 年
长 23.5 厘米、宽 12.7 厘米、厚度 4.4 厘米
诺木洪文化，都兰县诺木洪遗址出土
青海省博物馆藏

涡纹筒状彩陶杯

距今 3200 年
高 9 厘米、口径 10.3 厘米、底径 9.2 厘米
唐汪类型，大通县上孙家寨墓地出土
青海省博物馆藏

骨叉

距今约 4200—3600 年
长 25.8 厘米、叉宽 2.6 厘米、柄宽 1.1 厘米
齐家文化，同德县宗日遗址出土
青海省博物馆藏

骨勺

距今约 4200—3600 年
长 17.5 厘米、最宽 2.2 厘米、厚 0.3 厘米
齐家文化，同德县宗日遗址出土
青海省博物馆藏

骨刀

距今约 4200—3600 年
长 26.4 厘米、宽 2—2.2 厘米、厚 0.5 厘米
齐家文化，同德县宗日遗址出土
青海省博物馆藏

龙首骨梗刀

距今约 4200—3600 年
长 24.5 厘米、宽 1.6 厘米、厚 0.6 厘米
齐家文化，乐都区柳湾遗址出土
青海省博物馆藏

鹰纹骨管

距今约 3500—2600 年
长 24.5 厘米、宽 1.8 厘米、厚 1.5 厘米
卡约文化，大通县上孙家寨墓地出土
青海省博物馆藏

涡纹骨筒

距今约 3500—2600 年
上口径 8 厘米、宽 3.6 厘米、下口径 6.3 厘米、高 5.1 厘米、
宽 3.3 厘米
卡约文化，大通县上孙家寨墓地出土
青海省博物馆藏

桃形金挂饰

距今约 3500—2600 年
长 8 厘米、宽 7 厘米
卡约文化，大通县上孙家寨墓地出土
青海省博物馆藏

三环金耳饰

距今约 3500—2600 年
直径 2.8 厘米
卡约文化，大通县上孙家寨墓地出土
青海省博物馆藏

金贝（10 颗）

距今约 3500—2600 年
长 1.2—1.4 厘米、宽 0.65—0.8 厘米、厚 0.2 厘米
卡约文化，大通县上孙家寨墓地出土
青海省博物馆藏

陶牦牛

距今约 3300—2800 年
高 5.8 厘米、长 8.2 厘米、宽 3.3 厘米
诺木洪文化，都兰县诺木洪遗址出土
青海省博物馆藏

毛织品

距今约 3300—2800 年
长 22.1 厘米、宽 6.1 厘米
诺木洪文化，都兰县诺木洪遗址出土
青海省博物馆藏

第三单元

交流始伊

交流始伊

青海地处东西方文化交汇区，是人类迁徙以及藏彝走廊的重要通道，亦是中原农耕文化与草原游牧文化的接合部。青海青铜时代各文化中所发现的玉礼器、陶器、铜器、粟黍、小麦、驯养动物骨骼及海贝等遗存，反映出羌人所创造的本地文化与中原文化、欧亚草原青铜文化、南亚青铜文化等多种文化有着千丝万缕的关系。

远古迁徙

从考古发掘的资料看，青海地区从旧石器时代就与外界保持着密切联系。其中，以刮削器为主的组合和制作技术为代表，青海与华北两大系统之一的周口店联系紧密。从一些人类遗骸的分析看，青海远古人群也与河南安阳人关系密切。在新石器时代，耕作农业由东部传入青海。

距今 6000 年前后，来自甘肃东部的仰韶文化传播到青海东部地区，带来了种植已久的粟和黍以及成熟的农业生产技术，并很快被从事采集狩猎经济的青海土著人接受。西藏昌都卡若新石器时代遗址出土了粟。在西藏东部的澜沧江畔，以考古学确凿的层位关系和出土器物证明，早在5500 年前，青海就起到了沟通青藏高原与黄河流域、长江流域文明的枢纽作用。

喇家遗址房址出土的面食遗迹

青海出土农作物遗存

农作物

玉石之路

青铜时代早期，齐家文化出现玉璧、三璜联璧、玉环、玉瑗、玉刀等具有礼仪性质的玉器，并呈现"重璧轻琮"的地域特色。玉礼器在整个社会观念中占有重要地位，原始宗教礼仪活动已成熟，玉礼器的出现受到中原陶寺文化、二里头文化的影响，说明在 4000 年前，齐家文化与中原地区文化存在密切交流与互补关系。中原地区的玉制礼器向齐家文化输出，同时，以齐家文化为代表的西北地区玉料输入，并影响到中原地区的玉器文化，形成早期的玉石之路。

彩陶之路

青海和甘肃地区出土的彩陶数量众多，所反映的文化类型非常丰富。这些彩陶的造型与纹饰复杂多样，其中一些典型器造型反映出青海受中原文化的影响，而另外一些彩陶纹饰则反映出青海与中亚甚至东南欧的文化交流。

在马家窑文化晚期，同德宗日文化及大通上孙家寨出土的多人连臂舞蹈纹及二人抬物等人物形象，均出现在马家窑类型分布的西部边缘地带，具有地方特色，同时此类舞蹈纹类题材还广见于距今11000—8000年的亚洲西南部、地中海东部沿岸和非洲东北部以及东南欧地区，说明舞蹈纹类题材也有向东传播的可能。

卡约文化陶器与周边文化的交流

卡约文化陶器的风格主要承袭甘青地区新石器文化的陶器特点，与周边同时代的其他文化有着广泛交流与联系。从大的礼制系统看，卡约文化是属于新石器时代以来中原地区形成的以盛食器为主的礼制系统，形成以大口双耳罐、小口双耳罐、双耳罐或侈口罐为随葬陶器三大件，构成本地礼器特点。鼎和鬲出现在卡约文化遗存中，应该是中原文化传播的结果。

青铜之路

距今4000年前后，青海地区逐渐进入青铜时代，其上承新石器时代，下延至汉代，延续时间达2000年之久，是本土文化发展的重要阶段，古文化遗存数量达三千多处，省内大部分河谷地带均发现有古人类活动遗留下来的遗址、墓葬、岩画等各种文化遗存。齐家文化是青海境内年代最早的青铜文化，其后分化为辛店文化、卡约文化和诺木洪文化。在青海出土的青铜文物中有很多文化交流的印记，为早期青铜之路的雏形。

青海出土的阔叶形倒钩铜矛，与欧亚草原典型的塞伊玛—图尔宾诺倒钩铜矛相比，器身较宽，矛锋圆钝而非尖锋，倒钩与系耳异侧，明显仿制于典型的塞伊玛—图尔宾诺倒钩铜矛，故被称为"塞伊玛—图尔宾诺式倒钩铜矛"，是东西文化交流非常重要的实物资料。"塞伊玛—图尔宾诺文化"中的权杖、铃首剑、管銎斧、管銎钺等文化因素，直接或间接地对青海青铜时代产生了重要影响。

青铜时代，青海境内的齐家文化、卡约文化、诺木洪文化遗址中出土了大量的青铜器，冶炼加工技术较为成熟。宗日遗址和尕马台遗址齐家文化中均发现了砷铜，这一发现具有重要的意义，它对我国早期青铜冶炼技术以及砷铜技术的传播路线提供了新的证据。

西城驿—齐家冶金共同体

西城驿遗址是一处以从事旱作农业为主、兼有饲养，并进行着冶金等手工业生产的史前聚落遗址，地处河西走廊中部的张掖境内，范围为35万平方米，距今约4100—3500年。

从西域经河西走廊到河湟地区有一条"铜之路"。在距今4000—3700年左右的河西走廊地区，西城驿文化和齐家文化在冶金遗址多有共存，形成了"西城驿—齐家冶金共同体"。包含青海地区在内的齐家文化，从西城驿文化人群那里获得并广泛传播了冶金制品或技术，从而对中国其他地区早期冶金技术产生不同程度的影响。

青海地区的岩画和青铜文化

青海地区的岩画大多属于青铜时代，主要有野牛沟（青海省海西蒙古族藏族自治州格尔木市）、舍布齐（青海省海北藏族自治州刚察县）、昂拉（青海省玉树藏族自治州通天河流域）等，距今约3000—2500年。岩画题材主要与北方草原地带和青海东部河谷地带的青铜文化有着密切联系，如缒杖、多人舞蹈、鹰、鹿、旋涡纹等图案，在同时期的彩陶和北方草原岩画中广泛流行。

鸟形铜铃

距今约 3500—2600 年
高 11.3 厘米、宽 3.8 厘米、直径 2.8 厘米
卡约文化，湟源县大华中庄墓地出土
青海省博物馆藏

人字弦纹铜鬲

距今约 3500—2600 年
高 21.9 厘米、口径 20 厘米、腹径 11.7 厘米
卡约文化，西宁市鲍家寨出土
青海省博物馆藏

圆銎宽叶倒钩铜矛

距今约 4200—3600 年
长 62 厘米、宽 19 厘米、厚 4.9 厘米
齐家文化，西宁市沈那遗址出土
青海省博物馆藏

七孔铜钺（一）

距今约 3500—2600 年
宽 8 厘米、长 16 厘米
卡约文化，湟中区下西河墓地出土
青海省博物馆藏

七孔铜钺（二）

距今约 3500—2600 年
长 28 厘米、宽 6.3 厘米、厚 0.4 厘米
卡约文化，循化县阿哈特拉墓地出土
青海省博物馆藏

十字形铜戈

距今约 3500—2600 年
高 18 厘米、銎宽 6.1 厘米、銎厚 2.1 厘米
卡约文化，化隆县索拉台墓地出土
青海省博物馆藏

三角形铜戈

距今约 3500—2600 年
长 10.9 厘米、援宽 5.2 厘米、厚 0.05 厘米
卡约文化，大通县上孙家寨墓地出土
青海省博物馆藏

玉环

距今约 4200—3600 年
直径 6.5 厘米、内径 3.8 厘米、厚 0.5 厘米
齐家文化，民和县喇家遗址出土
青海省博物馆藏

玉斧

距今约 4200—3600 年
长 14.1 厘米、宽 4.6 厘米、厚 1.1 厘米
齐家文化，民和县喇家遗址出土
青海省博物馆藏

玉凿

距今约 4200—3600 年
长 29.1 厘米、宽 3.7 厘米、厚 0.8 厘米
齐家文化，同德县宗日遗址出土
青海省博物馆藏

四孔玉刀

距今约 4200—3600 年
长 54.5 厘米、宽 11.5 厘米、厚 1 厘米
齐家文化，大通县上孙家寨墓地出土
青海省博物馆藏

第二部分 汉治河湟

THE SECOND PART
HANZHI HEHUANG

秦汉时期，匈奴崛起于北方草原，在冒顿单于时期"破东胡，走月氏，威震百蛮，臣服诸羌"，青海羌人和西域羌人成为匈奴进攻汉王朝的辅助力量。到汉武帝时期，西汉开始"北却匈奴，西逐诸羌"。随着战争发展，西汉在河西走廊设立了敦煌、酒泉、张掖、武威四郡，并在令居（今甘肃永登县）设置了护羌校尉和在河湟地区设立西平亭等管理机构。汉昭帝时，西汉设置金城郡，汉宣帝时金城郡西扩至青海河湟地区，自此青海东部正式纳入中央管理的郡县体制。东汉时期则从金城郡中析置西平郡（今西宁市），进一步巩固了汉王朝的西部边疆。正是在这一时期，青海羌中道成为连通东西的交通要道，与靠北的道路共同组成了陆上丝绸之路。

湟河初开

公元前111年，汉代名将李息、徐自为领兵征服了先零羌人，随后西汉政府开始在河湟地区迁徙汉人，开置公田，并开始在今西宁市及其附近陆续设立有军事和邮驿性质的西平亭、长宁亭、东亭等，河湟地区开始逐步纳入中原王朝的统治范围。汉宣帝神爵元年（公元前61年），名将赵充国奉命平先零等羌得胜后，罢兵屯田于河湟，设"金城属国"，安置归附羌人。河湟地区正式纳入汉朝郡县体系。

断匈奴右臂

汉初，匈奴与羌人遥相呼应，形成对汉朝的半包围，经常发动以掠夺人口和财富为目的的战争。张骞向汉武帝建议"厚币赂乌孙，招以益东，居故浑邪之地，与汉结昆弟，其势宜听，听则是断匈奴右臂"。在长期的养精蓄锐后，汉朝发动了对匈奴的反击战争。骠骑将军霍去病率领汉军进行的西路作战三次重创匈奴，在今甘肃兰州以西一带沿祁连山至罗布泊，已无匈奴，汉朝陆续设置了敦煌、酒泉、张掖、武威四郡，隔断了匈奴与羌人的联系，迫使羌人退出湟水沿岸地区，以防止羌人北进。

汉代羌人部落表

公元元年前后青海及附近地区羌人驻地	
烧当羌 大允谷（青海湖南）	大允谷（青海湖南）
先零羌	大小榆谷（今同仁、尖扎、贵德、贵南一带）
烧何羌	张掖南山（祁连山中段地区）
罕开（jiān尖）羌	湟中（湟水流域）
卑湳（nán南）羌	大小榆谷（今同仁、尖扎、贵德、贵南一带）
勒姐（zǐ姊）羌	勒姐河、勒姐岭（今平安一带）
当煎羌	允街（今甘肃永登一带）
牢姐（zǐ姊）羌	白石（今甘肃临夏一带）
彡姐（xiān zǐ先姊）羌	河湟间（今化隆、民和、乐都一带）
封养羌	先零羌与牢姐羌之间（今循化、同仁一带）
钟羌	烧当羌南（今海南州、黄南州一带）
发羌	湟中（湟水流域）
滇零羌	赐支河曲（黄河河源一带）
卑禾羌	西海（青海湖沿岸）
黄羝羌	湟中（湟水流域）

"河西初开"时的多元族群融合

青海河湟地区密集发现的 200 多座两汉墓葬及出土文物具有鲜明的关中地区汉文化传统，又继承了河湟地区先秦土著文化的因素，还吸收了中亚、西亚等外来文化的影响。河湟边塞的多元文化因素，深刻地反映了《汉书·西羌传》所记载汉武帝征四夷时，"河西初开"之际的族群文化，反映了丝绸之路初创时期的历史面貌。

汉人初入河湟

汉初，羌人是河湟地区的主要居民，为匈奴所挟，时常侵扰汉朝边地。

汉文帝时，晁错提出"移民实边"的建议。

汉武帝元狩四年(公元前 119 年)"关东贫民徙陇西、北地、西河、上郡、会稽凡七十二万五千口"。

汉武帝元鼎年间，李息、徐自为在击败羌乱后，在河湟腹地开置公田，开始将中原汉族迁徙于此。

汉宣帝时，将军赵充国平定起事羌人，安抚归顺羌人，并"罢骑兵，留驰刑应募，及淮阳、汝南步兵与吏士私从者，合凡万二百八十一人"屯田河湟地区，使中原先进的耕作方法和生产工具传入青海，提高了河湟地区的农业生产力。

东汉在河湟地区的屯田时断时续延续了一百多年，范围也从湟水流域发展到黄河河曲两岸乃至青海湖一带。和帝时有"列屯夹河，合三十四部，其功垂立"的记载。

赵充国与屯田实边

赵充国（公元前 137—前 52 年），字翁孙，汉族，原为陇西上邽（今甘肃天水）人，后移居金城（今甘肃永登），西汉著名将领。赵充国熟悉匈奴和氏羌的习性。汉武帝时，随贰师将军李广利出击匈奴，率壮士突围；昭帝时，又生擒西祁王。神爵元年（公元前 61 年），平息羌乱，提议罢骑兵留步兵屯田，后人"千载称其贤"。致仕后，仍常参与议论"四夷"问题。谥号"壮"，为"未央宫麒麟阁十一功臣"之一。

赵充国实行的"屯田实边"的主要内容有：在湟中（今青海省湟水两岸）屯田，寓兵于农，"因田致谷"，"将士坐得必胜之道"，"大费既省，徭役预息"；自临羌至浩门间，开田修渠，由内地移民实边等等。这对当时开发边疆、维护安定、减轻人民负担、促进民族交流起到很大的作用，成为历代仿效的榜样。

"汉匈奴归义亲汉长"铜印

汉（前206—220年）
高 2.9 厘米、长 2.5 厘米、宽 2.4 厘米
大通县上孙家寨墓地出土
复制品（原件于中国国家博物馆收藏）

"将侯行事"铜印

汉（前206—220年）
高 2 厘米、底长 2.4 厘米、底宽 2.4 厘米
青海省博物馆藏

"诏假司马"铜印

汉（前 206—220 年）
高 2.5 厘米、底长 2.5 厘米、底宽 2.5 厘米
西宁市兴海路出土
青海省博物馆藏

"陇西中部督邮"铜印

汉（前 206—220 年）
高 1.5 厘米、底长 2.5 厘米、底宽 2.5 厘米
民和县中川清泉汉墓出土
青海省博物馆藏

龙虎铭纹铜镜

汉（前206—220年）
直径12.3厘米、厚0.7厘米
大通县上孙家寨墓地出土
青海省博物馆藏

连弧纹昭明铜镜

汉（前 206—220 年）
直径 14.2 厘米、厚 0.7 厘米
西宁市山陕台汉墓出土
青海省博物馆藏

铜奁

汉（前 206—220 年）
高 7.5 厘米、腹径 5.5 厘米、
足径 10.6 厘米
青海省博物馆藏

龙纹铜豆

汉（前206—220年）
高 16.6 厘米、口径 10.6 厘米、底径 7.8 厘米
大通县上孙家寨墓地出土
青海省博物馆藏

铜灯

汉（前 206—220 年）
高 24 厘米、上口径 12.1 厘米、下口径 13.2 厘米
青海省博物馆藏

鹰形铜壶

汉（前206—220年）
高8.2厘米、长10.4厘米、宽6.2厘米
青海省博物馆藏

铜弩机

汉（前206—220年）
高16.3厘米、长13.1厘米、宽3.1厘米
大通县上孙家寨墓地出土
青海省博物馆藏

灰陶仓

汉（前 206—220 年）
高 12.5 厘米
青海省博物馆藏

灰陶灶

汉（前 206—220 年）
高 10.2 厘米、长 21.9 厘米、宽 18.9 厘米
青海省博物馆藏

卧式羊形铜灯

汉（前 206—220 年）
高 9 厘米、长 11.4 厘米、宽 6.8 厘米
西宁市大通县黄家寨汉墓出土
青海省博物馆藏

带流铜鼎

汉（前 206—220 年）
高 16.6 厘米、口径 14.5 厘米、
腹径 17.9 厘米
青海省博物馆藏

条纹彩绘木镇墓兽

汉（前 206—220 年）
高 21 厘米、长 37.5 厘米、宽 13.5 厘米
青海省博物馆藏

灰陶狗

汉（前206—220年）
高20.5厘米、长31.6厘米、宽9.2厘米
民和县下川口汉墓出土
青海省博物馆藏

第二单元

海定西安

汉平帝元始四年（公元4年），王莽得西海（青海湖）地区后，为制造"四海归一"的政治升平假象，请设西海郡，加上已有的东海郡、南海郡、北海郡，设置西海郡后有"四海归一"的征象。西海郡下设环湖五县，并在环湖地区设驿站及烽火台。

中原王朝势力进入青海后，创立和实行了若干行政管理制度。内地的文化也影响到青海地区，并且与汉帝国的其他区域保持着高度的一致性，中原王朝对河湟地区的行政管辖，促进了多民族文化的交汇和融合。

虎符石匮（复制品）

西海郡故城内出土。篆刻有"西海郡虎符石匮，始建国元年十月癸卯，工河南郭戎造"铭文。"虎符石匮"主要用于内置"符命四十二篇"，是王莽假托天命，大造舆论，夺取西汉政权的产物，也直接证明了王莽在青海东部置郡设县的史实。

虎符石匮（复制品）

西海郡故城

西汉平帝元始五年（公元 5 年），王莽派人诱使游牧于青海湖地区卑禾羌献地臣服，以其地筑城，定名"西海郡"，与已有的东海、南海、北海三郡齐名，取"四海归一"之意。地皇四年（公元 23 年），王莽政权崩溃，郡废。东汉永元（89—105 年），曾一度复置，后又废弃。该遗址为湟水流域迄今发现的规模最大的汉代城址。西海郡故城是丝绸南路通向西域诸国的一座重镇。

东汉时期继续推行在湟水地区屯田的政策。为防止内地的羌人与青海境内的羌人联合起来，在今青海西宁、乐都一带驻军屯垦，抑制了烧当羌诸部的寇掠活动，使河湟地区人口大量增加。诚为时人所言"隔绝羌胡交关之路，遏绝狂狡窥欲之源"，"殖谷富边，省委输之役，国家可以无西顾之忧"。

西海郡故城

陶家寨汉墓

陶家寨汉墓以及西宁地区其他汉墓群的考古发掘，证明了自汉武帝以来中央政府对河湟地区开始了有效的统治；印证了史书上所记载的青藏高原东部羌汉杂居的事实；反映了自王莽末年之后，羌人大量入居塞内，从游牧经济开始转向农耕经济。屯田政策的施行对于河湟地区农业发展有着积极的作用。

陶家寨汉墓位于青海省西宁市北郊陶家寨村西。2011 年 10 月，在城市基本建设中发现 2 座砖室墓（墓葬编号分别为 M1、M2），青海省文物考古研究所对其进行了抢救性发掘。两墓均为斜坡墓道单室券顶砖室墓，由墓道、墓门和墓室组成，出土陶器、铜器、漆木器及琉璃饰品等。结合墓葬形制及出土器物判断，墓葬年代约为王莽至东汉中期。墓中所出釉陶器为青海省目前发现的最早的一批釉陶器。此次发现的单体陶厕，也是目前所见唯一一座东汉早期单体陶厕。

M1 墓室（由西向东）图片

河西地区、河湟地区连枝灯

　　连枝灯具有鲜明的地域特色，是"神树"崇拜的产物，与昆仑山神话体系中的"支天之柱"有关。这种建立在天人合一、君权神授思想基础上的对宇宙和世界的认知，主要反映出上层社会中灵魂永存的观念，对民间的丧葬文化也产生了深刻的影响。

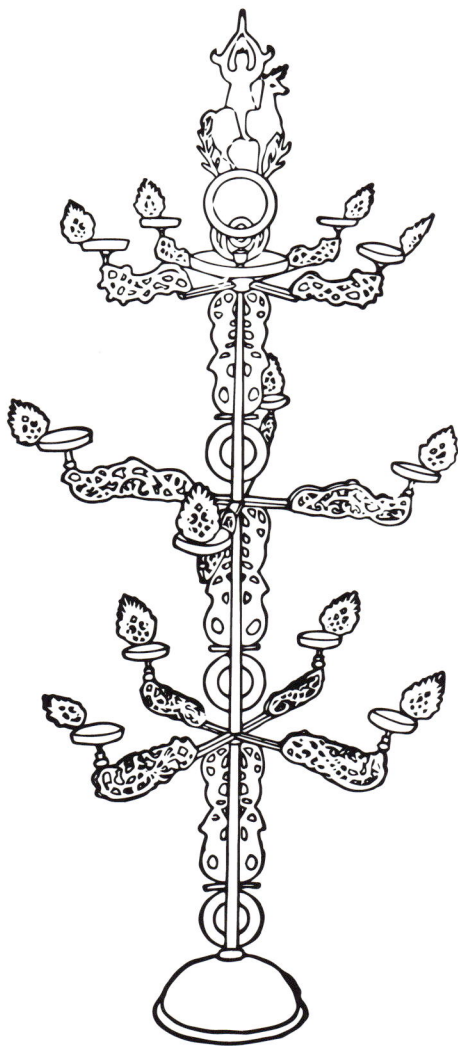

武威磨台汉墓 112 号连枝灯示意图

西宁陶家寨墓地 M9
连枝灯组合关系示意图

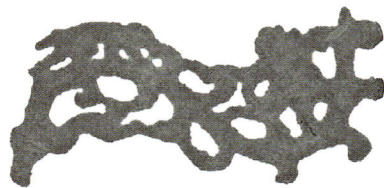

武威南滩魏晋墓 M1 灯枝

"长乐未央"瓦当

汉（前 206—220 年）
直径 17.4 厘米、高 8.8 厘米
海晏县西海郡故城出土
青海省博物馆藏

"西海安定"瓦当

汉（前 206—220 年）
直径 15.5 厘米
海晏县西海郡故城出土
青海省博物馆藏

三老赵宽碑

汉（前 206—220 年）
长 36 厘米、宽 37 厘米、厚 13 厘米
乐都区白崖子村出土
青海省博物馆藏

釉陶壶

汉（前206—220年）
高36.5厘米、口径15厘米、底径15.9厘米
民和县胡李家汉墓出土
青海省博物馆藏

釉陶井

汉（前206—220年）
高28.4厘米、底径12.5厘米
大通县上孙家寨墓地出土
青海省博物馆藏

釉陶熊灯

汉（前206—220年）
高30厘米、上口径12.2厘米、底径15.9厘米
大通县上孙家寨墓地出土
青海省博物馆藏

釉陶博山炉

汉（前206—220年）
高23.3厘米、底径19厘米、直径19.8厘米
青海省博物馆藏

鸾凤铜熏炉盖

汉（前 206—220 年）
高 17.2 厘米、底径 13.1 厘米
大通县上孙家寨墓地出土
青海省博物馆藏

狼噬牛金牌饰

汉（前 206—220 年）
长 15 厘米、宽 9.5 厘米
祁连县出土
青海省博物馆藏

第三单元

中道羌

羌中道是以青海湖为中心，湖以东连接湟中道和河南道；湖以西沿青海湖南北两岸西行，横贯柴达木盆地进入南疆；青海湖以北，或自西平亭以北，经大斗拔谷至张掖，即张骞被俘去单于庭的道路，称小月氏道或张掖道。羌中道在河西走廊开通以前已存在，《穆天子传》中周穆王西行、张骞首次出使西域就有该道的记载。河西四郡设立后，河西走廊成为丝绸之路主道，羌中道便成为一条辅道。

丝绸之路

"丝绸之路"一词最早出自德国地理学家李希霍芬 1877 年出版的《中国——我的旅行成果》，原指两汉时期中国与中亚、中国与印度之间以丝绸贸易为主的交通路线，随着研究深入，丝绸之路包含的范围也逐步扩展，包含陆上丝绸之路和海上丝绸之路。

"张骞凿空"

为联合西北各部族共同抗击匈奴，张骞两次奉汉武帝之命出使西域，打通了中原通往西域的通道，使西域与中原内地之间的陆路交通更加通畅。这段历史被司马迁形象地称作"张骞凿空"，这条通道就是后世闻名的"丝绸之路"。其实并非张骞出使西域才"凿空"丝路，此路的开通由来很早。汉以后，丝绸之路上使者相望，商旅不绝，促进了汉族和少数民族文化交融，加强了中原和西域的政治、经济、文化交流，对后来东西方文明的发展产生了深远影响。

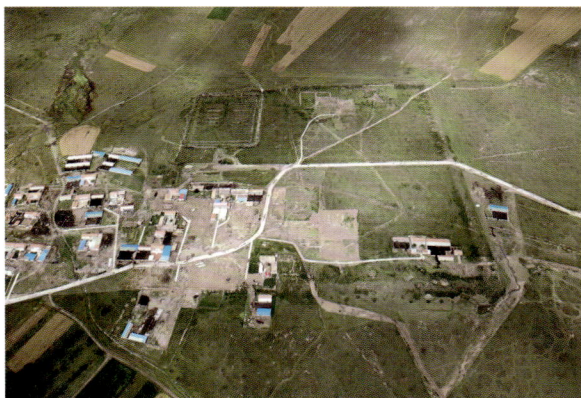

尕海古城遗址

北向阳古城遗址

支冬加拉古城遗址

俄博古城遗址

丝路辅道

羌中道是河西道的辅助线路，在这条线路经过的地区发现了很多珍贵文物，能看到古人赖以交通的工具，也有族群平等往来的商贸凭证——货币，而且还有一些贵金属制品，不仅有着精湛高超的工艺，同时也能反映出文化的交流。

波斯银壶

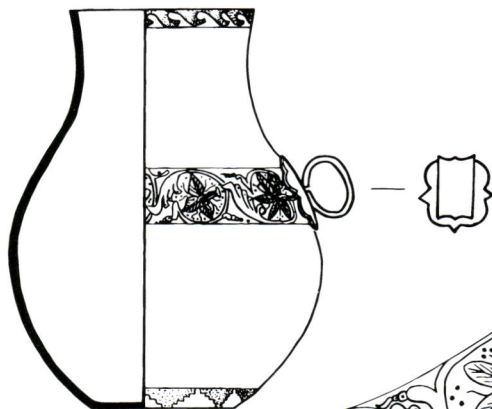

银壶花纹

波斯银壶出土于西宁市大通回族土族自治县长宁镇上孙家寨汉晋墓地的乙区 3 号墓。该银壶口径 7、腹径 12、底径 5.4、高 15.8 厘米，为直口长颈，鼓腹平底器，腹侧置单耳。器身系由整块银片切割、捶揲而成，装饰有三组镀金装饰纹带。口沿饰一周波浪纹，腹部饰卷草纹，共有 6 朵不同形式的花叶，每朵中心伸出一花蕾，花瓣有叶状、石榴状、卷曲状等。

底部饰一周雉堞纹，每座雉堞共有五阶，也以戳点纹为地。波浪纹和卷草纹均属典型的希腊装饰纹样，雉堞纹是伊朗阿黑门尼德王朝时期流行的装饰纹样，此银壶风格奇特，迄今为止中国境内的考古遗物中鲜有可类比者。在 3 号墓以南同一时期汉墓中，出土了一枚"汉匈奴归义亲汉长"驼钮铜印。专家推测，这件希腊化帕提亚装饰风格的银壶，可能是公元 3 世纪的安息（其范围大致相当于今伊朗的呼罗珊地区）制品，经匈奴人辗转输入到青海省境的，是一件很重要的中西文化交流的实物见证。

"大泉五十"陶范

汉（前206—220年）

长13.9厘米、宽9.2厘米、厚6.3厘米

海晏县西海郡故城出土

青海省博物馆藏

半两铜钱

汉（前206—220年）

直径2.4厘米

青海省博物馆藏

货泉铜钱

汉（前206—220年）

直径2.5厘米

大通县上孙家寨墓地出土

青海省博物馆藏

货布铜钱

汉（前206—220年）

长5.7厘米、肩宽2.2厘米、厚0.2厘米

青海省博物馆藏

木轺车

汉（前 206—220 年）

车高 110 厘米、横长 92 厘米，马高 105 厘米、长 90 厘米

西宁市彭家寨汉墓出土

青海省博物馆藏

木马

汉（前206—220年）
高 51.2 厘米、长 31.2 厘米、宽 8.9 厘米
大通县上孙家寨墓地出土
青海省博物馆藏

木牛车

汉（前 206—220 年）
牛：高 8.2 厘米、长 28.1 厘米、宽 7.7 厘米
车：高 17.3 厘米、长 33.2 厘米、宽 19.5 厘米
西宁市南滩汉墓出土
青海省博物馆藏

第三部分 鲜卑西迁

THE THIRD PART

XIANBEI MOVED WESTWARD

　　魏晋以来，北方各少数民族不断南下西迁，兴起了民族大融合的高潮，大批内迁的北方民族纷纷建立了政权，历史上称为十六国时期。3世纪末至4世纪初，吐谷浑从辽东慕容鲜卑部落中分出，西迁至青海地区，统治了今青海、甘肃西南部和四川西北地区的羌、氐部落，建立了吐谷浑国。公元399年鲜卑首领秃发乌孤率部进入青海东部地区，先后建都于乐都（今乐都区）、西平（今西宁市），统治了甘肃河西走廊东部和青海东部河湟地区，史称"南凉"。此外，乙弗鲜卑也一度在青海湖西北建立了乙弗勿敌国。

　　魏晋南北朝时期的"丝绸之路青海道"称"吐谷浑道"，也称"河南道"。"吐谷浑道"因河西道堵塞而兴盛，成为沟通中亚、西亚与中原地区的必经之路。

第一单元

权易
政频
政易
权频

魏晋南北朝时期，中央王朝处于动荡和混乱的状态中，无力顾及青海边地，青海地区群雄割据，政权频易，前凉、前秦、后凉、后秦、南凉、西秦、北凉以及吐谷浑等政权先后统治青海局部地区或者在青海展开角逐。

西平大姓"郭、麴、田、卫"

自汉魏以来，由于封建经济的发展和河湟文化的兴盛，河湟地区逐渐形成了一些大家族。著名的有西平郭、麴、田、卫四大姓，是见于正史的"河右大族"，尤以郭、麴二姓名人辈出，在历史上影响很大。其中，郭氏女明元郭太后是历史上唯一入宫立为皇后的河湟女子，曾主持曹魏后宫27年，在青海历史乃至中国历史上有一定的影响。

南凉国

南凉政权为河西鲜卑首领秃发乌孤所建，乌孤自幼"雄勇有大志"，在继任酋长后，"务农桑，修邻好"，其部族逐步进入农耕生活，势力集中在湟中一带。公元397年春，乌孤建元太初，秃发乌孤在廉川堡自称大都督、大单于、西平王，正式建立了秃发氏政权，专力经营河湟地区，作为立国之本，对河湟地区经济、文化的发展起了积极的促进作用。公元399年，徙都乐都（今青海省乐都区）。同年，乌孤因酒醉坠马而亡，弟利鹿孤迁都西平（今西宁市）。公元402年利鹿孤卒，弟傉檀立，以凉为国号，史称南凉。嘉平七年（414年）秃发傉檀投降西秦。南凉前后共三主，历18年。

南凉统治世袭表

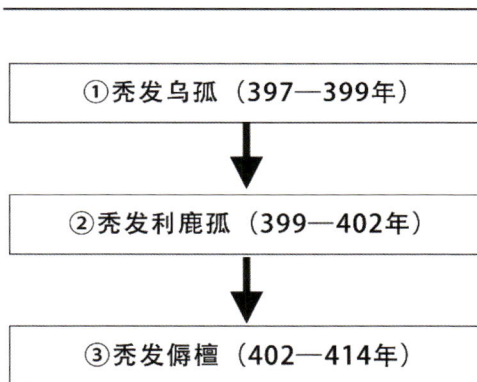

① 秃发乌孤（397—399年）

↓

② 秃发利鹿孤（399—402年）

↓

③ 秃发傉檀（402—414年）

虎台遗址

虎台位于西宁市城西区，"相传南凉王所筑"。关于它的用途，多数学者认为可能是演武、阅兵或出兵誓师的场所，也有学者认为它是南凉之前已有的祭台。

虎台遗址

乙弗勿敌国

鲜卑乙弗部，晋代时由今华北北部南移徙居今甘肃河西走廊。东晋孝武帝太元年间，西迁今青海湖一带。逐步融合环湖地区的鲜卑、羌人部落，成为一个以地缘关系为基础的民族联合体，史称"卑禾虏"。鲜卑语称其首领为"乌地延"，汉译"勿敌"。《北史》记载乙弗勿敌国，称其首领为"青海王"，辖境东以今日月山为界，西逾今橡皮山，北至今大通山脉，南到黄河。拥众二万户（《晋书》记载三万户）。乙弗勿敌国人以畜牧为业，逐水草而帐居。其风俗"与吐谷浑同。然不识五谷，唯食鱼及苏子"。曾先后遭南凉、西秦、北凉等国的征服。灭国后其族人大部并于吐谷浑，余部投奔北魏，迁居内地。

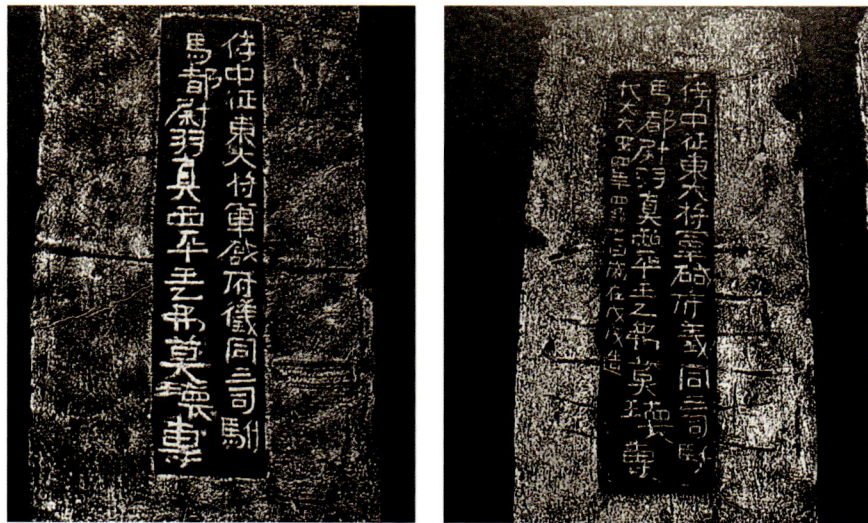

西平王乙弗莫瑰墓砖

乙弗部

北魏太延三年（437年）前后，吐谷浑吞并乙弗勿敌国之后，乙弗部就成了吐谷浑国的组成部落之一，而其首领也被封为吐谷浑的渠帅，号"青海王"。北魏太平真君五年（444年），北魏发动了对吐谷浑的战争。为了自保，吐谷浑渠帅乙弗部首领匹知遣子乙瑰前往魏都平城进贡，拓跋焘将其留在了身旁。这一部分乙弗鲜卑人，数辈为宦，三尚公主，与北魏皇室关系密切，成了洛阳显赫门第，后来因北魏孝文帝推行汉化而逐步融入了汉族当中。因此，史料当中称乙瑗女乙弗后为"河南洛阳人也"。

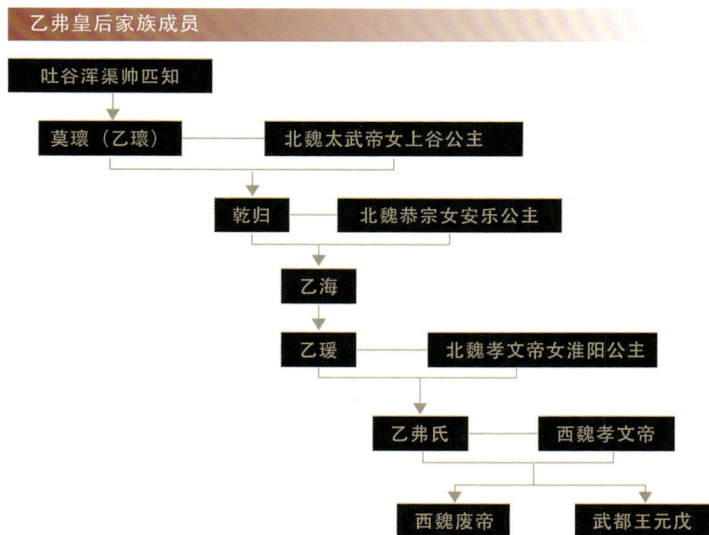

乙弗皇后家族成员

吐谷浑渠帅匹知
↓
莫瑰（乙瑰） ── 北魏太武帝女上谷公主
↓
乾归 ── 北魏恭宗女安乐公主
↓
乙海
↓
乙瑗 ── 北魏孝文帝女淮阳公主
↓
乙弗氏 ── 西魏孝文帝
↓
西魏废帝　　武都王元戊

麦积山第 43 窟

乙弗皇后死后"凿麦积崖为龛而葬"这一重要的历史记载，据学者考证，该石窟为原乙弗氏寄放灵柩之处，其柩室、享堂、拜廊尚可辨识，所以后人称此窟为魏后墓，又称寂陵。

双马形铜牌饰

魏晋（220—420 年）
通高 5 厘米、宽 7.5 厘米、厚 0.3 厘米
互助县丹麻泽林土洞墓出土
青海省文物研究所藏，青海省博物馆藏

据专家考证，这类双马形牌饰在吉林、辽宁、山西、河北、内蒙古等地都有出土，多见于目前公认的鲜卑遗存墓葬中，是鲜卑文化的代表性器物。

双鸟形铜牌饰

魏晋十六国
长 5.5 厘米、宽 5.5 厘米，长 7 厘米、宽 5 厘米
青海省博物馆藏

玄武铜砚滴

魏晋（220—420 年）
高 5 厘米、长 14.7 厘米、宽 6 厘米
互助县高寨魏晋墓出土
青海省博物馆藏

第二单元

谷国
吐浑
吐

吐谷浑，原为人名，为辽东鲜卑慕容氏单于慕容涉归之庶长子。因与兄弟失和，从公元 4 世纪后，吐谷浑遂率部西迁至青海东部等地，侵逼氐羌，成为强部。大约公元 329 年吐谷浑孙叶延承袭为首领，以其祖"吐谷浑"作为这个鲜卑人和羌人联合体及其政权的名称，成为当时我国西北地区众多割据政权之一。吐谷浑建国 350 年间，先后在慕贺川（今贵南穆格塘一带）、伏俟城（今青海湖西北地区）等地建立了政治中心。隋唐之际，吐谷浑政权渐趋衰落。唐初，吐谷浑归附。吐蕃政权崛起后，逐渐向甘青地区扩张，于公元 663 年灭吐谷浑。吐谷浑末代王诺曷钵率领残部逃奔至凉州。

吐谷浑最盛时有王、公等封号，又设仆射、尚书、将军、郎中等官职。王公服饰略同于汉族，使用汉文，信仰佛教。吐谷浑男子服饰，着小袖，小口袴，大头长裙帽。吐谷浑妇女服饰与汉族妇女相似，辫发，以金花为饰，具有鲜卑遗风。

吐谷浑都城——伏俟城

伏俟城遗址位于青海省海南藏族自治州共和县石乃亥乡铁卜加村西南，俗名铁卜加古城，是古代连接东西交通的重镇。城中有小城、宫殿，布局受汉地影响较多。"伏俟"为鲜卑语，汉意"王者之城"。古城所在位置与史籍中"夸吕立，始自号为可汗，居伏俟城，在青海西十五里"的记载相吻合。

伏俟城

吐谷浑王系表

称号	名字	在位时间	备注
河南王	慕容吐谷浑	?—317 年	
河南王	吐延	317—329 年	慕容吐谷浑长子
吐谷浑王	叶延	329—351 年	吐延之子
吐谷浑王	碎奚	351—376 年	叶延长子
白兰王	视连	376—390 年	碎奚之子
吐谷浑王	视罴	390—400 年	视连长子
大单于	乌纥提	400—405 年	视连次子
戊寅可汗	树洛干	405—417 年	视罴之子
威王	阿柴	417—424 年	树洛干弟
惠王	慕璝	424—436 年	阿柴弟
西平王	慕利延	436—452 年	慕璝弟，《宋书》作慕延
河南王	拾寅	452—481 年	树洛干之子
河南王	度易侯	481—490 年	拾寅之子
吐谷浑王	伏连筹	490—529 年	度易侯之子
	呵罗真	529—530 年	伏连筹之子
	佛辅	530—534 年	呵罗真之子
河南王	可沓振	534—535 年	佛辅之子
可汗	夸吕	535—591 年	伏连筹之子
可汗	世伏	591—597 年	夸吕之子
步萨钵可汗	慕容伏允	597—635 年	世伏弟，恢复慕容本姓
趉胡吕乌甘豆可汗	慕容顺	635 年	伏允之子
乌地也拔勒豆可汗	慕容诺曷钵	635—688 年	慕容顺之子

隋朝在吐谷浑设郡

隋朝建立后，与吐谷浑在青海东部及甘肃西部地区互为攻掠。隋文帝派兵击溃吐谷浑，封吐谷浑高宁王移兹裒（póu）为河南王。隋文帝开皇十年（590年）至开皇十五年，吐谷浑多次遣使向隋"奉表称蕃，并献方物……"，文帝也遣使访问吐谷浑，双方保持友好关系。

隋大业三年（607年），隋改州为郡，在青海东部设浇河（今贵德）、西平（今乐都）等郡。大业五年（609年）隋炀帝西巡吐谷浑，击败吐谷浑。隋炀帝在吐谷浑故地设置西海、河源、鄯善、且末四郡，青海大部分地区正式纳入中央王朝版图以内，对促进青海经济文化的发展和祖国广大疆域及民族大家庭的形成，都有着深远的意义。

隋光化公主和亲吐谷浑王

开皇十六年（596年），隋文帝应吐谷浑的请求将宗室女光化公主嫁给吐谷浑王世伏。开皇十七年世伏死，其弟伏允立为王，伏允向隋上表请以吐谷浑"兄死妻嫂"的风俗尚光化公主，文帝许之。

弘化公主

唐太宗时，封吐谷浑首领诺曷钵为河源郡王。诺曷钵请唐颁授历法，并遣子弟入朝奉侍。吐谷浑成为唐的附国。唐贞观十年十二月，诺曷钵入长安向唐请婚，唐太宗许以宗室女弘化公主。唐贞观十三年（639年），诺曷钵到长安迎婚。第二年，唐太宗派朝官护送弘化公主到吐谷浑。

隋炀帝画像

弘化公主于唐武德五年（622年）出生于宗室之家。640年，奉唐太宗之命，与诺曷钵完婚，成为大唐嫁与少数民族政权首领的第一位公主。663年五月，吐蕃禄东赞出动精锐之师，乘虚进攻，大破吐谷浑，至此吐谷浑亡国。41岁的弘化公主和诺曷钵率残部几千帐，长途逃亡至凉州南山。670年，为了牵制日益向西域扩张的吐蕃，也为帮助吐谷浑部回归故地，唐朝派薛仁贵率军出击河源地区，但大非川一役，唐军大败。最终吐谷浑依靠唐朝力量恢复势力的希望破灭。672年，唐高宗在灵州境内（今宁夏灵武县南）设安乐州（今同心县东北韦州），以诺曷钵任刺史，由其自治管理。弘化公主全力协助诺曷钵励精图治。688年，诺曷钵因病去世，其子慕容忠继位，被唐王朝加封为青海王。66岁的弘化公主继续辅佐慕容忠治理安乐州。690年，武则天称帝，改国号为周，改封弘化公主为大周西平大长公主，并特赐武姓。698年五月三日，76岁的弘化公主"寝疾薨于灵州东衙之私第"。弘化公主在吐谷浑生活了半个多世纪，作为民族团结、和平相处的纽带和桥梁，为祖国统一、民族团结做出了杰出的贡献。

大周故西平（弘化）公主墓志（盖）
甘肃省武威市南营乡青嘴喇嘛湾出土　武威市博物馆藏

大周故青海王（慕容忠）墓志
甘肃省武威市南营乡青嘴喇嘛湾出土　武威市博物馆藏

　　慕容忠为吐谷浑末代王诺曷钵和弘化公主之长子，18岁授左威卫将军，娶大唐金城县主，后加镇军大将军，行左豹韬卫大将军，袭青海国王乌地也拔勤豆可汗。其坐镇金方（西方），勇敢果决，忠诚备至，为朝廷解除了后顾之忧。从墓志和其母弘化公主墓志中可知，慕容忠与其母弘化公主为同年同月同日死，又为同年同月同日葬。弘化公主"寝疾薨于灵州东衙之私第"，"葬于凉州南阳晖谷冶城之山岗"；慕容忠"寝疾薨于灵州城南浑牙之私第"，"归葬于凉州城南之山岗"。这些"巧合"，至今仍是个谜，有待进一步探讨和研究。

力士模印墓砖

魏晋南北朝
长 20 厘米、宽 18 厘米、厚 6 厘米
平安区窑房村出土
青海省博物馆藏

双雀模印墓砖

魏晋南北朝
长 20 厘米、宽 16 厘米、厚 6 厘米
平安区窑房村出土
青海省博物馆藏

人物故事模印墓砖

魏晋南北朝
长 20 厘米、宽 16 厘米、厚 6 厘米
平安区窑房村出土
青海省博物馆藏

仙人模印墓砖

魏晋南北朝
长 20 厘米、宽 16 厘米、厚 6 厘米
平安区窑房村出土
青海省博物馆藏

谷道
吐谷浑

自魏晋南北朝以来，河西地区因战事纷起，丝路阻断，东西方之间的交往改由祁连山南吐谷浑统辖的"青海道"（羌中道）。吐谷浑在青海立国350年间，国力强盛，地跨东西数千里，始终与中原王朝保持着密切的政治、经济关系，为丝绸之路青海道的兴盛提供了必要的保障。吐谷浑国致力于经营这条商贸通道，起到了沟通东西、联络南北的重要作用，极大地促进了东西文化的交流和商贸的兴盛，对这一时期道路的发展、兴盛和中西经济、文化交流与传播产生了深远的影响。

吐谷浑道古城遗址

循化张尕塌古城遗址

兴海切卜藏古城遗址

贵南青科永古城遗址

兴海夏塘古城遗址

"吐谷浑道"主要事件

年代	主要事件
西晋武帝太康三年至太康九年（283—289年）	慕容吐谷浑（辽东鲜卑慕容部首领）率部西迁，于西晋愍帝建兴元年（313年）留居甘青交界大夏河流域。
北魏南安王承平元年（452年）	吐谷浑王拾寅，始建都于伏罗川。
北魏文成帝和平元年（460年）	五月，北魏文成帝遣将征讨吐谷浑。八月，魏军到西平（今西宁），拾寅走保南山（今青海果洛境阿尼玛卿山）。九月，魏军渡河南追，遇瘴气返还。
北朝西魏废帝二年（553年）	吐谷浑商队赴北齐（河南安阳），返程经柔然遭西魏凉州（武威）刺史史宁觇（chān）的伏击，俘获仆射乞伏触板、将军翟潘密、商胡240人、驼骡600头、杂彩丝绢数以万计。
南朝梁敬帝太平元年（556年）	突厥木杆可汗、西魏凉州刺史史宁组成的联军南征吐谷浑，史宁攻克树敦城（青海共和县曲沟菊花城），木杆攻克贺真城（伏俟城西南石头城），俘获夸吕妻子及大量珍宝。吐谷浑奔向南山（今青海果洛境阿尼玛卿山）
南朝陈武帝永定三年（559年）	周明帝拜大司马、博陵公贺兰祥率军攻打吐谷浑。吐谷浑广定王战败。贺兰祥占领吐谷浑的洮阳、洪河两城
唐太宗贞观九年（635年）	唐派分兵五路进讨吐谷浑，追至突伦碛（今新疆塔克拉玛干），伏允自缢身亡

丝绸贸易

南北朝（4—7世纪）时小国林立、南北对峙，河西走廊时通时断。吐谷浑国与北魏、南北朝各政权保持和平友好的朝贡关系，引导、护送西域商使往来，参与国际商贸，使青海成为沟通东西、联络南北的交通枢纽。丝绸之路青海道此时处于鼎盛时期，"吐谷浑道"则发挥了中西陆路交通主干道东段主线的作用。西平、伏俟城成为中西商贸的中转站。

粟特人与青海

粟特人，中国史籍习称"昭武九姓"，其原本居处的主要范围在今乌兹别克斯坦泽拉夫珊河流域的索格底亚那。包括若干城邦小国，其中以康国为最大。其姓氏以安、康为主，包括曹、安、史、康、石、罗、白、米、何等。粟特人以善经商闻名，多豪商大贾，主要信仰祆教。作为丝绸之路河南道上的重要枢纽，魏晋南北朝时期的西平郡鄯州（今西宁）向来是入华粟特人及其后裔的聚居地。西宁解放路出土76枚波斯银币、都兰香日德出土罗马金币、湟中出土"胡人牵驼模印砖"等实物的发现是粟特人前来贸易的明证。

史索岩墓志（唐故平凉郡都尉骠骑将军史公墓志盖）
固原县南郊乡小马庄出土　固原博物馆藏

《史索岩墓志》记载："公讳索岩，字元贞，建康飞桥人也。其先从宦，因家原州。曾祖罗，后魏宁远将军、西平郡公，食邑八百户。""祖嗣，镇远将军、通直散骑常侍，袭爵西平郡公，鄯、廓二州诸军事、鄯州刺史。"著籍固原的史索岩家从其曾祖、祖父都曾封西平郡公来看，史索岩家的郡望在西平，而且其祖还任鄯州刺史。

翟舍集及夫人安氏墓志铭　武威市博物馆藏

　　《翟舍集及夫人安氏墓志》记载："公讳舍集，姑臧人也。代禀粹气，人包灵精。西平膏壤，右地名族。"表明翟舍集在落籍姑臧之前，先在西平居住，是当地的名族。"湟川叛逆，青海纷挐（nú）"，据研究翟舍集应参与了公元649年王孝杰在冷泉破吐蕃的战事，"元子勇冠三军，功加五品。"其母安氏"因授姑臧县太君"。据墓志记载，翟舍集夫人是凉州粟特胡人安兴贵之孙，因而肯定凉州的翟氏是入华的粟特胡人。

政治往来

　　隋文帝开皇初年（581年）青海东北部地区归隋朝统治。开皇三年（583年）青海东部设两州四县。河西走廊常被吐谷浑与突厥所阻，"故朝贡不通"。隋在承风戍（今拉脊山口）设立与吐谷浑固定互市。公元590年，吐谷浑遣使至隋朝贡，后"朝贡岁至"。

隋承风戍（今拉脊山口）

佛教交流

　　魏晋南北朝时期佛教得到较快传播，僧人西行求法逐渐成为潮流，东晋末年游历西土的佛教高僧法显是西行求经的成功典范。此外，途经"吐谷浑国"的昙无竭、释慧览、宋云、阇（shé）那崛多等众多西行求经者，均为"吐谷浑道"的利用提供了明证。

西宁北禅寺

"吐谷浑道"上的著名僧侣

年代	僧侣	行走路线
东晋安帝隆安三年（399年）	僧人法显、慧景、道整、慧应、慧嵬一行	自长安过陇山至西秦国都（兰州西固区），到"傉檀国"（南凉国）。由湟中道转西平张掖道，既经今大通、门源，越大坂山，出扁都口至张掖。后经西域赴天竺抄录佛教经律。
南朝宋武帝永初元年（420年）	北燕僧人法勇（昙无竭）、僧猛、昙朗等25人	自龙城至西秦国都（西秦自称河南国）枹罕（临夏），越西秦飞桥，出西海郡，渡流沙（柴达木及罗布泊）到高昌（吐鲁番）转赴印度。
445—452年	僧人释慧览	自于阗进入吐谷浑境，经柴达木、青海湖、洮水、龙涸、岷江至成都。释慧览在吐谷浑国接受慕利延世子琼资助，在成都修建了左军寺。
南朝宋后废帝元徽三年（475年）	僧人法献	自金陵（南京）西游巴蜀（重庆），由河南道过吐谷浑国经芮芮（柔然）到于阗（和田），将乌苌（cháng）国（巴基斯坦）的佛牙、15颗舍利及少量经卷带回金陵。
北魏孝明帝神龟元年（518年）	崇立寺比丘惠生、敦煌人宋云一行	由洛阳西行40天达"赤岭"（日月山），越赤岭再西行23天，抵吐谷浑国都，又沿柴达木北缘西行，越阿尔金山到达鄯善（新疆若羌），经中亚入印度求经。宋云等前后行程历时5年，从天竺（印度）带回佛经170部。
北周明帝武成元年（559年）	印度乾陀罗僧人阇那崛多	由新疆和田过柴达木盆地抵都兰香日德、共和伏俟城（吐谷浑国都），经西宁、乐都东行长安。

隋炀帝西巡线路

公元 609 年四月，隋炀帝率百官、宫妃及各路大军从关中的扶风西行，跨陇山，经陇西、枹罕（今甘肃临夏），出临津关（今甘肃大河家至青海官亭古渡口），渡黄河，至西平（今青海乐都）。五月，大猎于拔延山（今青海乐都南山），入长宁谷（今青海西宁北川），度星岭（今青海大通景阳西北），宴群臣于金山（今大通金娥山），其后行至浩门川（今青海门源）。六月，经大斗拔谷（今甘青交界的扁都口）抵张掖。九月，返回长安，西巡结束。至此，吐谷浑故地皆纳入隋朝版图。隋炀帝西巡疏通了中原至西部的道路交通，对国家统一、中西文化交流、民族融合具有重要的历史意义。

罗马金币

南北朝（420—589 年）
直径 1 厘米
都兰县香日德出土
青海省博物馆藏

波斯萨珊朝银币

南北朝（420—589 年）
直径 2.5 厘米
西宁市隍庙街出土
青海省博物馆藏

金扣蚌壳羽觞

十六国时期（304—439 年）
高 3.5 厘米、长 13.7 厘米、宽 10.4 厘米
西宁市南滩砖瓦厂出土
青海省博物馆藏

"凌江将军章"铜印

十六国时期（304—439 年）
高 3 厘米、长 2.3 厘米、宽 2.4 厘米
西宁市南滩砖瓦厂出土
青海省博物馆藏

青釉碗

东晋十六国（304—439 年）
高 6 厘米、底径 10 厘米、腹径 15 厘米、直径 14.5 厘米
青海省博物馆藏

长颈莲瓣纹黄釉瓶

南北朝（420—589 年）
高 10.5 厘米、口径 3.5 厘米、腹径 7.8 厘米、
底径 3.7 厘米
青海省博物馆藏

吐蕃东进

第四部分

公元 6 世纪，西藏山南地区建立起吐蕃政权。新兴的吐蕃政权向青海方向扩张，并最终攻灭了吐谷浑，唐蕃双方随即在青海地区展开了旷日持久的军事与政治角逐。安史之乱爆发后，吐蕃趁唐军东调平叛之机，占领青海大部。9 世纪中叶以后，吐蕃内乱不断，沙州汉人张议潮一度趁机控制了青海东部。唐末，吐蕃全境爆发大规模平民奴隶暴动，青海吐蕃势力也分崩离析，不复统一。

唐蕃时期兴起一条连接中原与西藏、尼泊尔、印度的道路，即唐蕃古道。青海成为这条中原与南亚间商贸之道、民族友好之道的重要环节和必经之路。

第一单元 唐蕃交往

吐蕃兴起后，松赞干布派使者向唐太宗请婚，贞观十五年（641 年）文成公主入藏，唐蕃双方以甥舅相称，在政治、经济和文化上展开了频繁交流和沟通。唐高宗继位后，吐蕃吞并吐谷浑的势头不减，唐朝内部举棋不定，致使吐谷浑最终为吐蕃吞并。吐蕃控制青海游牧区后，又攻陷唐西域羁縻十八州，安西四镇并废。大受震动的唐朝决定反击，并助吐谷浑复国，结果唐军在大非川惨败。唐、吐蕃在青海东部展开争夺，唐神龙三年（707 年），唐中宗嫁金城公主于吐蕃赞普，再次化干戈为玉帛，进一步加强了唐蕃之间的交流。之后，双方时和时战，唐玄宗开元和天宝早期，唐军对吐蕃屡有胜绩。安史之乱爆发后，唐军被东调平叛，吐蕃大举扩张，控制青海一带达百余年。

松赞干布和文成公主

文成公主庙全景

　　玉树贝纳沟内的文成公主庙又称大日如来佛堂，始建于唐代，迄今已有1300多年的历史。在庙堂正上方的岩壁下，雕有九尊巨幅佛像。莲花座正中为大日如来，在主佛像的两侧各有四尊八大菩萨像。大日如来与八大菩萨造像的组合样式最初形成于敦煌，后逐渐传播至甘青及川藏交界地区，成为吐蕃艺术最重要的题材之一。主体布局、边框装饰、服饰配戴显示出成熟的吐蕃式样，具有鲜明的时代与民族特征。

　　贝纳沟摩崖造像不仅有明确的雕凿纪年（狗年题记），而且是在吐蕃高僧益西央主持下，汉藏工匠共同参与完成，为唐蕃交流的历史见证。

大日如来佛堂内摩崖石刻雕像

　　主尊为大日如来像，圆形的头光和舟形身光，头戴三叶花冠，身着菩萨装，施禅定印，结跏趺坐于莲花对狮座，具有浓郁的吐蕃时期特点，狮座下方刻有"顶礼大日如来佛、金刚手菩萨和观世音菩萨！于马年刻写"。大日如来像两侧的金刚手菩萨和观世音菩萨，均有圆形头光与舟形身光，头戴三叶花宝冠，双手合十于胸前，呈游戏坐姿，位置稍低于主尊像。此藏文题记是在吐蕃赞普赤德松赞所刻（814年），成为石刻断代的重要依据。这样有明确纪年的吐蕃时期的石刻资料，在全国范围内都十分少见，是吐蕃时期不可多得的重要实物史料。

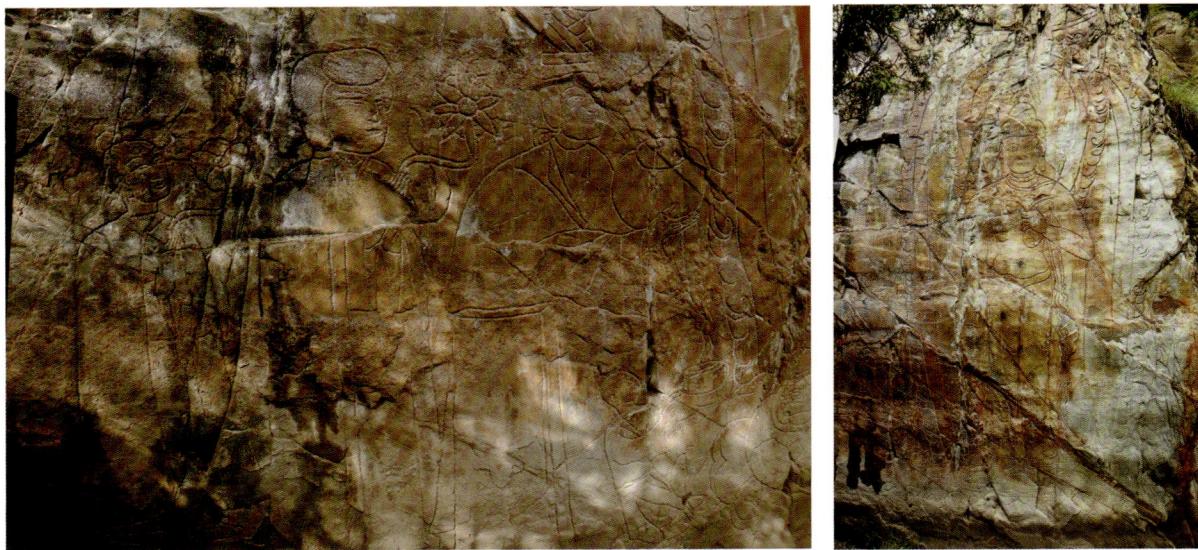

玉树摩崖石刻：松赞干布、文成公主礼佛图

　　石刻内容共分为上下两段：第一段为《大日如来和八大菩萨赞》，题记宽约 6.4、高约 2 米，共 18 行。文字古朴，苍劲有力，是典型的古藏文书写格式，与敦煌古藏文文献和吐蕃古代碑刻文字的书写方式一致，时代特征明显，这也是在大日如来佛堂首次发现的古藏文（大日如来与八大菩萨赞），题刻的内容和大殿内的浮雕造像完全一致，充分显示出题刻和造像的同时代性。第二段是著名的"狗年题记"原刻，宽约 2.45、高约 0.65 米，共 5 行。

　　此题记和佛堂大殿内前庭左侧的碑刻内容完全一致，但在书写方式和语法上具有吐蕃时代特点，经古藏文专家鉴定，这通题记属于吐蕃时期所刻，是狗年题记原来位置所在。题记中提到赤德松赞（798—815 在位）、狗年（806 年）、大译师益西央以及多名工匠的名字，透露了若干重要历史信息，特别是"狗年题记"原刻位置和原始版本的发现，是贝纳沟摩崖石刻断定年代最为直接、最为准确的证据。

狗年题记

唐"边塞诗"中的青海

李白《关山月》
汉下白登道，胡窥青海湾。
由来征战地，不见有人还。

杜甫《兵车行》
君不见青海头，古来白骨无人收。
新鬼烦冤旧鬼哭，天阴雨湿声啾啾。

王昌龄《从军行》
青海长云暗雪山，孤城遥望玉门关。
黄沙百战穿金甲，不破楼兰终不还。

大非川遗址

公元 670 年四至八月，唐与吐蕃在大非川（今青海省海南藏族自治州兴海县境内）进行了一次大规模战役。吐蕃军避实就虚，最终夺取胜利；而唐军远道出征，供给不畅，尤其军中将领不和，终陷败局，导致吐谷浑欲借唐军的力量复国无望。

石堡城遗址地貌

石堡城遗址

位于青海省西宁市湟源县日月乡石城山大小方台，地处唐蕃古道日月山口至药水河谷之咽喉地带。吐蕃称"铁仞城"。石城山因"环列如城、状如覆斗"而闻名，石堡城依山势而建，以其自身艰险和处在前沿的位置，成为唐与吐蕃争夺的军事战略要地。公元749年，陇右节度使哥舒翰攻克此城。

哥舒翰与石堡城

哥舒翰（？—757年），突骑施（西突厥别部）首领哥舒部落人，唐朝名将。天宝六年（747年），哥舒翰被王忠嗣提拔为大斗军副使，迁左卫郎将，因屡破吐蕃，擢授右武卫员外将军。天宝八年（749年），哥舒翰以数万人的代价攻克石堡城，因功官拜鸿胪员外卿。李白诗句"君不能学哥舒，横行青海夜带刀，西屠石堡取紫袍"，即指此历史事件。

唐蕃分界碑

第四部分　吐蕃东进　第一单元　唐蕃交往

139

唐蕃会盟表

时间	事件
唐中宗神龙二年 公元 706 年	双方相约以黄河为界划分边界
唐玄宗开元二年 公元 714 年	双方以黄河为界划分辖区
唐玄宗开元二十一年 公元 733 年	双方约定以赤岭为边界
唐肃宗至德元年 公元 756 年	双方于长安鸿胪寺歃血为盟
唐代宗永泰元年 公元 765 年	双方于长安兴唐寺和盟
唐代宗大历二年 公元 767 年	双方再次盟誓于长安兴唐寺
唐德宗建中四年 公元 783 年	双方会盟于清水，相约和好，划定边界
唐德宗贞元三年 公元 787 年	双方会盟于平凉
唐穆宗长庆元年 公元 821 年	长庆会盟

　　唐开元二十一年（733 年），唐与吐蕃在赤岭划界立碑。双方以赤岭为界，设置哨所和通道。吐蕃表示不侵河湟、不掠牛马、不践踏庄稼，唐表示不袭击吐蕃的城塞和部落，不阻断吐蕃的通路。双方保证"不以兵强而害义，不以为利而弃言"。并设互市地点。

赤岭（今日月山）

赤岭（日月山）在汉、魏、晋至隋、唐时期是中原王朝辖区的前哨和屏障，故有"西海屏风""草原门户"之称。北魏明帝神龟元年（420年），僧人宋云自洛阳西行求经，便是取道赤岭前往天竺。唐武德三年（620年），唐与吐谷浑讲和修好，并达成互市协议，互市于承风戍（今拉脊山口）。吐蕃王朝与唐王朝即以赤岭为界。开元二十一年（733年），唐与吐蕃定点在赤岭互市，以一缣易一马。唐肃宗以后开展了"茶马互市"，青海大批的马牛被交换到内地，内地的茶、丝绢等同时也交换到了牧区。

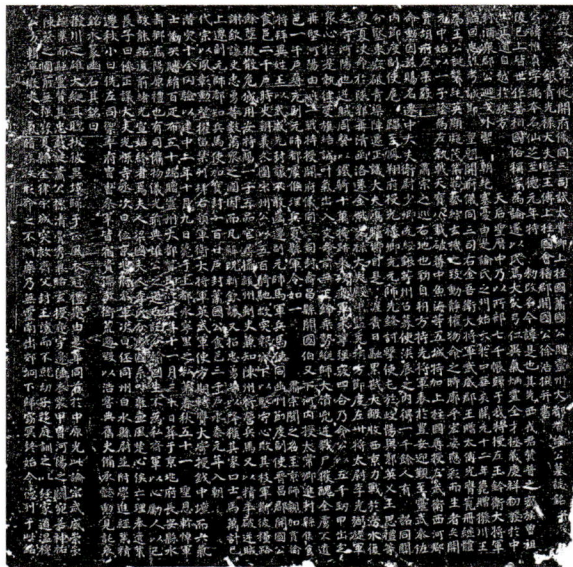

论惟贞墓志铭

　　论姓为吐蕃大姓。《吐蕃大事纪年》中多处称大论东赞。而禄与论即古藏语中 blon 之音，引申义为汉语的相或大臣、官吏的意思。论惟贞即为禄东赞的后人，以其祖先的官职为姓氏。

　　《论惟贞墓志》全称为《唐故英武军使开府仪同三司试太常卿上柱国萧国公赠灵州大都督论公墓志铭并序》，写成于建中二年（781年）十一月卅日，徐浩撰并书。志主论惟贞，先世为吐蕃大姓，累世为相。吐蕃称宰相为论，因以为姓。其祖父论弓仁，武后圣历间以所部七千帐归化，开元间官至朔方副大使，其族始大。张说撰《论弓仁碑》叙述较详。安史之乱发生时，其父论诚节率诸子从朔方军，至灵武守跸肃宗，并在平定叛乱中发挥了重要作用。

官却和遗址发掘现场

官却和遗址灶坑

藏文卜骨

官却和遗址、墓葬

官却和遗址是青海境内首次发现的吐蕃时期聚落遗址。遗址位于察汗乌苏河北岸，分为东、西两区，东部呈南北向弧形分布的灶坑，排列整齐紧密，为集体烹食之所，中西部为居住区，发现有7处房址。

清理的墓葬与官却和遗址隔河相望。虽形制各异，但营建方式大体相同，均是在方形或圆形的土坑中营建墓室，墓室上棚以圆柏或以柏木树枝为墓顶，而后作封土。多数墓葬的封土下都建有梯形或圆形的石砌边框。在部分规格相对较高的墓葬附近，还见有殉马坑等祭祀遗迹。

经对部分墓葬棚木的树木年轮测年及遗物初步推断，这批遗存属唐（吐蕃）时期。唐（吐蕃）时期遗址的首次发掘，对研究该地区当时古民族生活状况、聚落形态、丧葬习俗等问题提供了新的实物材料，出土的墨书古藏文卜骨与木简等文字材料更是为研究这些墓葬的年代、性质提供了重要依据。

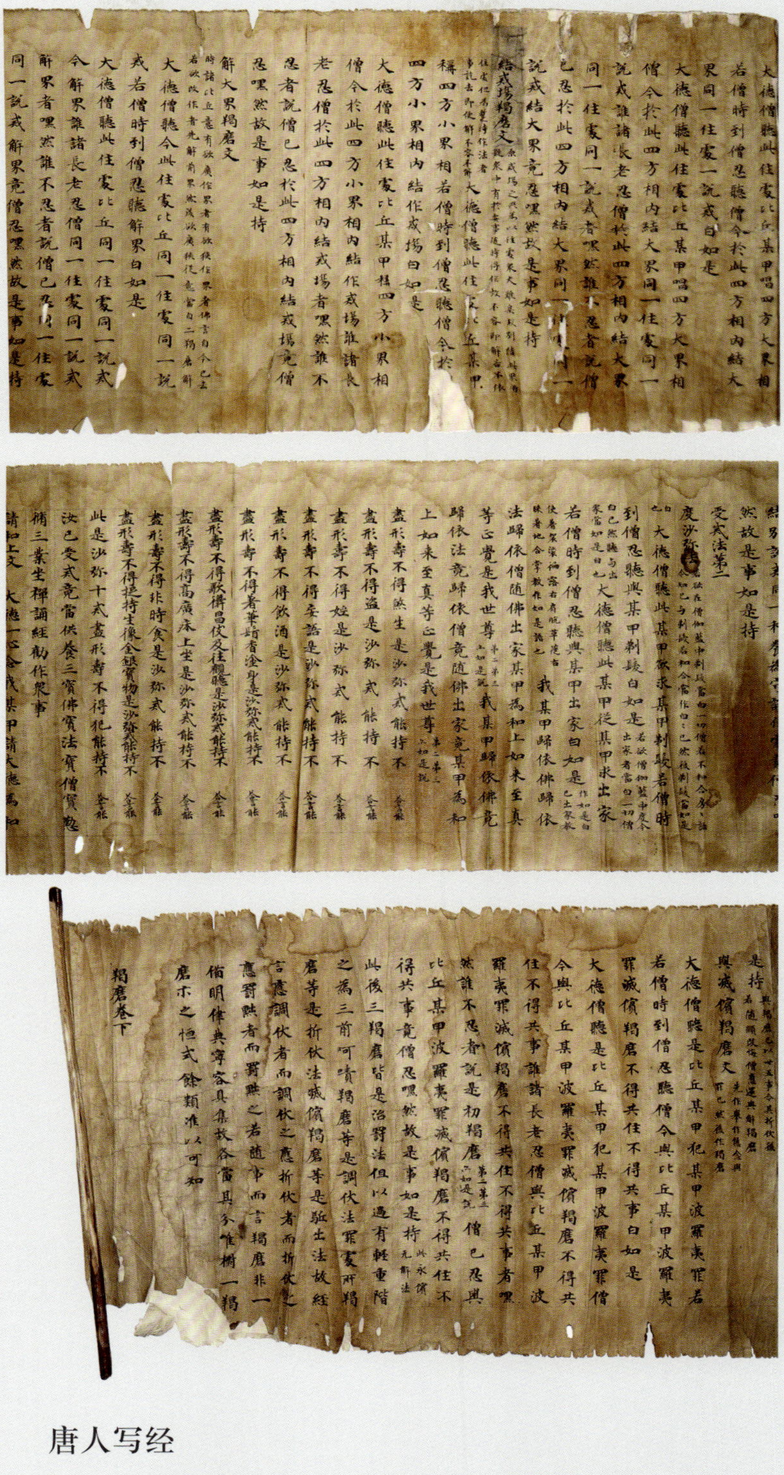

唐人写经

唐（618—907 年）
长 170 厘米、宽 25.5 厘米
1985 年侯国柱先生捐赠
青海省博物馆藏

男木俑

唐（618—907 年）
高 34.4 厘米、宽 9.2 厘米、厚 5.7 厘米
西宁市南滩体育场唐墓出土
青海省博物馆藏

女木俑

唐（618—907 年）
高 33.5 厘米、宽 10.8 厘米、厚 6.5 厘米
西宁市南滩体育场唐墓出土
青海省博物馆藏

素三彩陶碗

唐（618—907 年）
高 4.5 厘米、底径 5.7 厘米、直径 11 厘米
青海省博物馆藏

三彩陶马

唐（618—907 年）
高 49.5 厘米、长 55.5 厘米、
底座长 21.5 厘米、底座宽 13.5 厘米
青海省博物馆藏

第二单元

兰都遗珍

吐蕃统治青海时期，青海文化受吐蕃文化影响，包括羌、吐谷浑以及汉族在内的青海各民族大量融入吐蕃民族中。都兰县境内的热水乡血渭草场共有封土墓300余座，该墓群出土的大量文物为研究吐蕃统治下的青海文化提供了丰富的实物资料。

公元821年，吐蕃遣使至唐，通过多次商谈，双方在会盟方面达成共识，唐穆宗在长安西郊同吐蕃使者举行隆重的会盟仪式。翌年，唐朝派大理卿御史大夫刘元鼎作为会盟使，前往吐蕃逻些（今拉萨）会盟，在逻些建立会盟坛。

公元823年，双方在逻些立碑。碑文表达了"甥舅"结立大和盟约、平安相处的盟誓。这通见证汉藏友好的会盟碑，即历史上有名的甥舅和盟碑，又称唐蕃会盟碑或长庆会盟碑。如今，该碑仍矗立在拉萨大昭寺门前，历经千年保存完好。

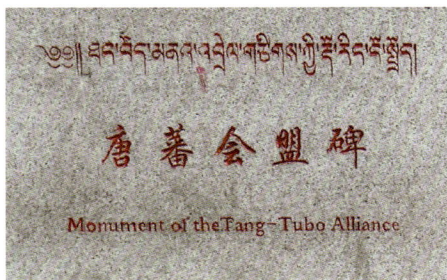

唐蕃会盟碑

2018 血渭一号墓

该墓葬为木石结构多室墓，由地上和地下两部分组成。地上为墓园建筑，平面呈方形，由茔墙、祭祀建筑、封土和回廊组成。地下部分由墓道、殉马坑、照墙、甬道、墓门、墓圹、二层台、殉牲坑、三层台、砾石层、四层台、墓室组成。从目前发掘来看，墓葬为木石构建的五室结构，与文献"墓作方形……其内有五殿，四方墓形自此始""在陵内建神殿五座"等记载相吻合。主墓室内有壁画、彩绘木棺，为青藏高原壁画、彩绘木棺的研究提供了重要资料。该墓为热水墓群发现的结构最完整、体系最清楚、墓室最复杂的高等级墓葬，为研究和确定墓主人身份和族属提供了重要的依据。该墓的发掘对研究唐（吐蕃）时期热水地区的葬制葬俗及唐帝国与少数民族关系史、丝绸之路交通史、物质文化交流史等相关问题具有重要研究价值。

玛瑙十二曲长杯

唐
口径长 26.8 厘米、高 11.9 厘米、壁厚 0.5 厘米
海西蒙古族藏族自治州
都兰县热水墓群出土

乌兰泉沟一号墓墓坑及墓顶

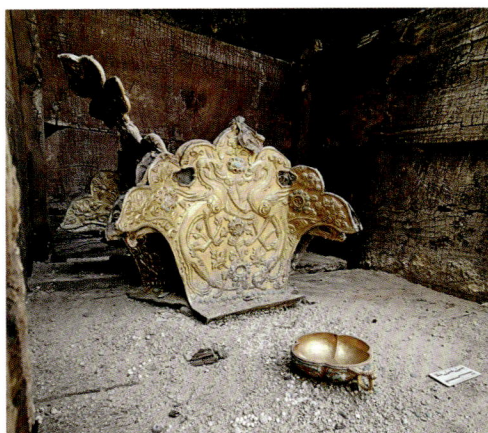

暗格木箱内鎏金王冠和金杯

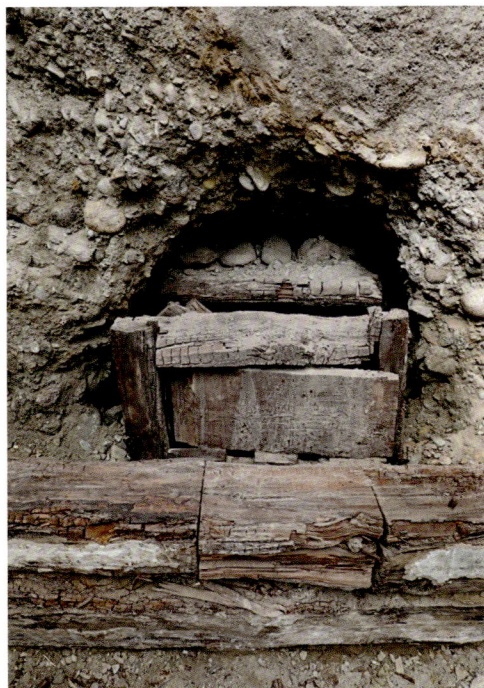

椁室外发现的暗格和木箱

乌兰泉沟一号墓

　　青海乌兰泉沟唐（吐蕃）时期墓为青藏高原首次发现。其彩绘漆棺是迄今为止青藏高原首次发现的独特葬具装饰形式。墓葬内设置密封的暗格，暗格木箱内放置一件珍珠冕旒（liú）龙凤狮纹鎏金王冠和一件镶嵌绿松石四曲錾指金杯，显示墓主人很可能与吐蕃时期当地王室有密切关系。该墓对于探讨古代汉藏文化融合进程和青海丝绸之路的文化交流盛况具有重大的学术价值。

青海乌兰泉沟唐（吐蕃）时期壁画墓出土文物

前室墓门侧壁画内容为仪卫图，残留有执旗和牵马迎宾侍卫，其他壁面原绘有狩猎、宴饮、舞乐等内容，但损毁严重，顶部描绘各类飞禽走兽、祥龙飞鹤。后室的墙壁上同样有壁画，描绘了外来使者向墓主人进献动物、墓主人及宾客在帐篷中宴饮的场景。各室门框上彩绘宝相花图案。前后室内中央各立一根八棱立柱，表面彩绘有莲花图案。墓葬壁画中也描绘了大量汉式建筑和汉地山水花卉，体现了汉蕃文化的交融与互动。

牵马迎宾图壁画

都兰热水墓群出土的丝织品

都兰墓群出土了许多举世罕见的丝织品，其种类之繁多，花纹之精美，无不令人叹为观止。吐蕃早在松赞干布时期，由于其"袭纨绮，渐慕华风"，丝绸很快受到吐蕃贵族的青睐，都兰出土的大量丝织品是吐蕃贵族日常服饰文化的反映。唐阎立本所画《步辇图》中，禄东赞的服饰图案与都兰出土的纹饰风格如出一辙，均为连珠图案。敦煌壁画中吐蕃赞普的服饰也与都兰出土的丝绸纹饰风格非常相像。藏文史书里记载吐蕃人普遍"释毡裘，袭纨绮"；敦煌藏文文献记载赞普赤德祖赞时期，吐蕃平民百姓间也普及了质地良好的唐朝丝绸。《新唐书·吐蕃传》中记载唐朝向吐蕃赐锦缯数万，唐诗"驱羊亦著锦为衣，为惜毡裘防斗时"是吐蕃广泛穿戴丝绸服饰的真实写照。《唐会典》还提到川蜀织造的"蕃客锦袍"，说明唐朝还有专门给吐蕃制造丝织品的作坊。

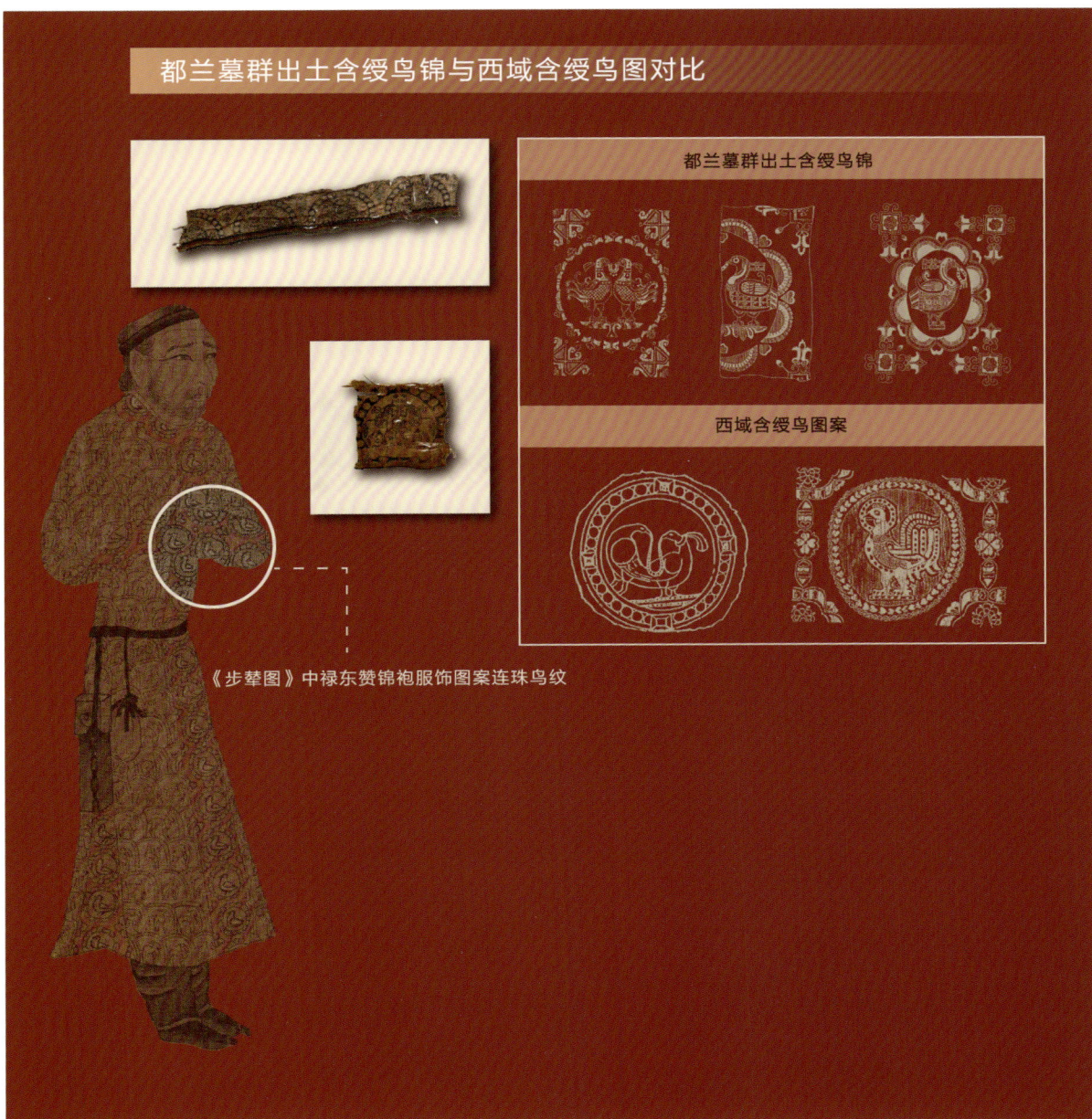

都兰墓群出土含绶鸟锦与西域含绶鸟图对比

都兰墓群出土含绶鸟锦

西域含绶鸟图案

《步辇图》中禄东赞锦袍服饰图案连珠鸟纹

都兰热水墓群出土的金银器

吐蕃王朝时期的冶金技术名扬西方，西方史料记载吐蕃人用黄金铸造鹅形大口水罐，高 2 米，能装 60 升酒。马具及黄金制造的大体量器物都堪称珍奇。《旧唐书·吐蕃传》里有关吐蕃供奉"金盎、金颇罗"等金器的记载屡见不鲜，吐蕃大相禄东赞来唐迎请文成公主时，献"金胡瓶、金盘、金盏"等礼物。此类在唐诗里也有吟诵，如杜甫"边酒排金碗，夷歌捧玉盘"，岑参"浑炙犁牛烹野驼，交河美酒金叵罗"。

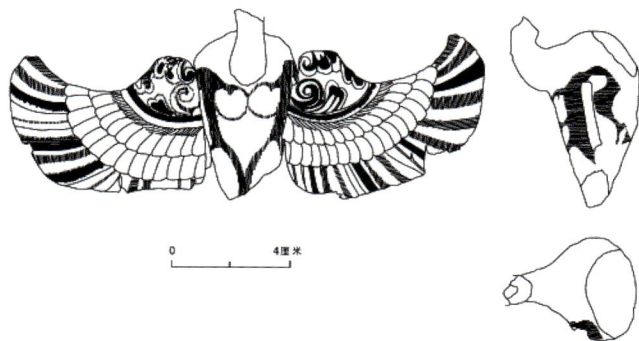

都兰热水墓群出土贴金箔彩绘木鸟

都兰出土了大量的金银器，制作图案精美、造型生动，显示出其制作工艺已具有相当高的水平，形成丰富多彩又别具一格的器物装饰风格，反映出当时人们的审美意识与时代风尚。都兰出土金银器其来源与风格是多样而丰富多彩的，当中既包含有大量中亚、西亚等异域文化因素的影响在内，同时也受到中原内地金银器的诸多影响，并不断地加以汲取和创造，逐渐形成具有鲜明地域特色的金银器系统，成为我国多民族古代文化当中一个重要的组成部分。

血渭一号大墓位于都兰热水乡血渭草原，是已发现唐（吐蕃）时期热水墓群中规模最大的一座墓葬。墓室周围有呈等腰梯形的石砌围墙（茔墙）共三层，石砌墙中有排列整齐的柏木穿木，像中原地区西周至汉代流行的"黄肠题凑"。穿木起到稳定加固的作用，类似韧木。出土了丝织品、金银器等一批珍贵文物，并发现了羊、马、牛、马鹿等大量动物骨骼。

都兰热水血渭一号大墓全景

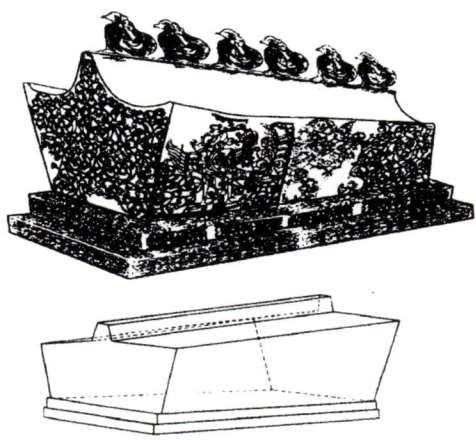

血渭一号大墓出土的鎏金舍利容器饰片线描图

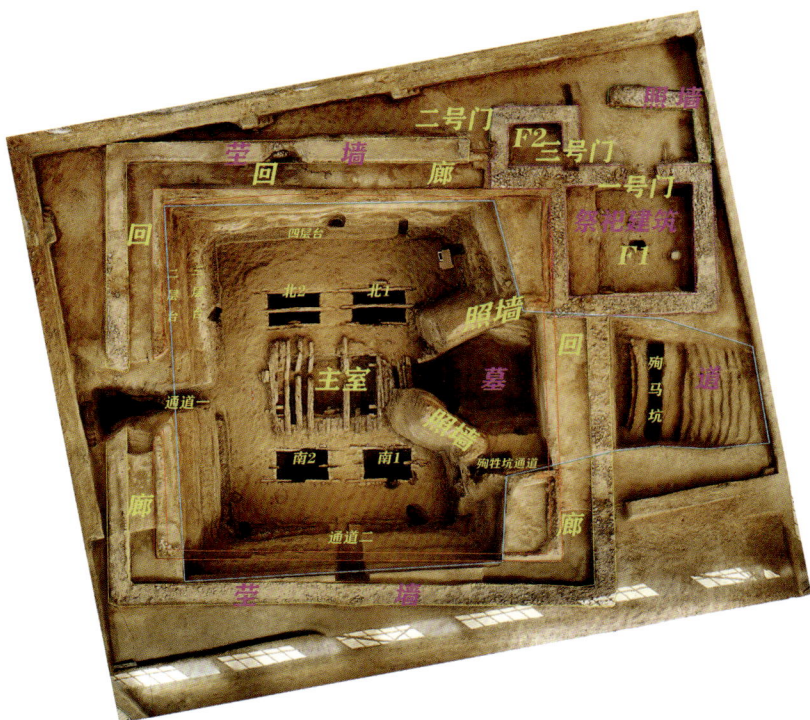

2018 血渭一号墓地下五神殿墓室结构

郭里木棺板 A、B 板共刻画人物 100 余人，每组画面各自独立，又相互紧密相连，有很强的写实性，生活气息十分浓厚，是研究西北地区古代民族、经济、宗教、民俗、生态、艺术的重要证物，史学价值极高。

海西郭里木棺板画（临摹）

吐蕃服饰及赭面

吐谷浑人

骑射形金饰片

唐（618—907 年）
长 13.5 厘米、高 9.8 厘米、厚 0.04 厘米
都兰县热水墓群出土

奔鹿纹金饰片

唐（618—907 年）
长 13 厘米、高 9.2 厘米、厚 0.04 厘米
都兰县热水墓群出土

镶松石金覆面

唐（618—907 年）
眼：长 10 厘米、宽 3 厘米
鼻：长 10.1 厘米、上底宽 1.7 厘米、下底宽 4.8 厘米
嘴：长 6.1 厘米、宽 2.5 厘米
残片：长 4.1 厘米、宽 2 厘米
总体：长 22 厘米、宽 21.7 厘米
都兰县热水墓群出土
青海省博物馆藏

金胡瓶

唐（618—907 年）
高 17.1—19.7 厘米、口径 6.6—7.3 厘米、
壁厚 0.05 厘米
都兰县热水墓群出土
青海省博物馆藏

錾指金杯

唐（618—907 年）
口径 9.5 厘米、高 4.3 厘米、底径 5.1 厘米、
壁厚 0.15 厘米
都兰县热水墓群出土
青海省博物馆藏

象纹金饰片

唐（618—907 年）
长 9 厘米、高 8.5 厘米、厚 0.04 厘米
都兰县热水墓群出土

银包金缠枝花卉纹饰

唐（618—907 年）
高 4 厘米、宽 3.4 厘米
青海省博物馆藏

叶形金饰片

唐（618—907 年）
宽 6 厘米、高 7.2 厘米、厚 0.03 厘米
都兰县热水墓群出土

镶松石卷草纹金三通

唐（618—907 年）
高 9.8 厘米、宽 5.2 厘米、厚 0.4 厘米
都兰县热水墓群出土

银包金如意形饰

唐（618—907 年）
高 2 厘米、长 2.5 厘米
青海省博物馆藏

银波斯双面人头像饰

唐（618—907 年）
高 3.3 厘米、宽 2.5 厘米
都兰县热水墓群出土
青海省博物馆藏

鸟形银牌饰

唐（618—907 年）
宽 4.7 厘米、高 4.6 厘米、厚 0.05 厘米
都兰县热水墓群出土

嵌宝石铜鎏金牌饰

唐（618—907 年）
长 4.5 厘米、宽 4.5 厘米
都兰县热水墓群出土
青海省博物馆藏

团窠纹贴金盘口锡瓶

唐（618—907 年）
高 16 厘米、口径 9.2 厘米、底径 6.5 厘米、
厚 0.2 厘米
都兰县热水墓群出土

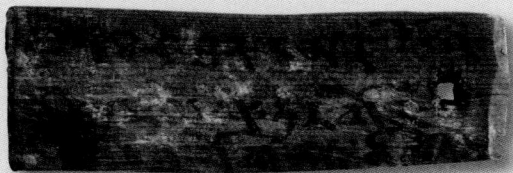

藏文木简

唐（618—907 年）
长 10.6 厘米、宽 2.1 厘米、厚 0.3 厘米
长 7.5 厘米、宽 2.4 厘米、厚 0.5 厘米
长 6.6 厘米、宽 2.3 厘米、厚 0.6 厘米
长 6.5 厘米、宽 2.3 厘米、厚 0.4 厘米
都兰县热水墓群出土
青海省博物馆藏

核桃

唐（618—907 年）

直径 3.2 厘米

都兰县热水墓群出土

青海省博物馆藏

皮靴

唐（618—907 年）

高 18 厘米、长 19.5 厘米

都兰县热水墓群出土

青海省博物馆藏

唐蕃古道

公元 7 世纪初，唐与吐蕃王朝关系日益密切，唐蕃古道随之构筑，至今已有 1300 多年的历史。古道全长 3000 余公里，跨越今陕西、甘肃、青海、四川、西藏五省区，其中一半以上路段在青海境内，是中原内地去往青海、西藏乃至尼泊尔、印度的必经之路，也是丝绸之路"南亚廊道"的重要组成部分。唐蕃古道不仅是一条和平友好贸易交流的官驿大道，承载汉藏友好、科技文化传播的"文化运河"，更是维系唐蕃甥舅情谊，深化汉藏民族友好关系的重要桥梁和纽带。千百年间，唐蕃古道在维护国家统一、领土完整、民族团结等方面发挥着至关重要的作用。

湟源克素尔古城遗址

民和北古城遗址

和亲公主

在唐蕃古道上，先后有四位公主循此道和亲：隋代的光化公主，唐代的弘化公主、文成公主、金城公主。光化公主与弘化公主和亲对象是吐谷浑政权，文成公主和金城公主和亲对象是吐蕃政权。四位和亲公主为国家安定、民族团结和文化的交流做出了贡献。

隋唐时期与吐谷浑、吐蕃和亲表

名称	和亲对象	和亲时间
隋光化公主	吐谷浑王世伏	隋文帝开皇十六年（596年），柳謇之送公主至吐谷浑
吐谷浑公主	东突厥启民可汗	隋文帝开皇十九年至隋炀帝大业七年（599—611年）
唐弘化公主	吐谷浑王诺曷钵	唐太宗贞观十四年（640年），淮阳王李道明护送宗室女弘化公主
唐文成公主	吐蕃赞普松赞干布	唐太宗贞观十五年（641年），礼部尚书江夏王李道宗等送文成公主入藏
吐蕃赞蒙墀邦	吐谷浑王慕容忠	唐武后永昌元年（689年）
唐金城公主	吐蕃赞普赤德祖赞	唐中宗景龙四年（710年），左卫大将军杨矩护送

隋光化公主

隋开皇十六年（596年），吐谷浑可汗世伏遣使到隋和亲，隋文帝将光化公主嫁给吐谷浑可汗世伏。次年，吐谷浑内乱，世伏被杀，依其俗，光化公主嫁弟伏允。隋大业五年（609年），隋炀帝大举进攻吐谷浑，伏允逃走，隋取其地置西海（今青海湖西）、河源（今青海兴海东南）、鄯善（今新疆若羌）、且末（今新疆且末南）四郡。立光化公主与伏允之子慕容顺为王。后伏允趁隋末中原战乱，东山再起。唐朝初期，唐太宗派大将李靖、侯君集等攻击吐谷浑，伏允败走，被部下所杀。史料对光化公主的记载不详。

唐文成公主

文成公主（625—680年），唐朝宗室女，吐蕃尊称甲木萨。唐朝初年，吐蕃政权崛起，赞普松赞干布遣使向唐太宗请求联姻，贞观十五年（641年）正月十五，唐太宗诏令礼部尚书江夏王李道宗为主婚使，持节护送文成公主入蕃。文成公主一行从长安出发，途经西宁，翻日月山，长途跋涉到达拉萨。文成公主与吐蕃松赞干布和亲，开创了唐蕃交好的新时代，和亲的故事至今以戏剧、壁画、民歌、传说等形式在汉藏民族间广泛传播。

勒巴沟"公主塔"

松赞干布到柏海迎娶文成公主入藏之地

玉树通天河渡口

唐金城公主

　　金城公主（698—739 年），本名李奴奴，唐宗室邠王李守礼之女。唐中宗神龙三年（707 年），吐蕃遣使到唐朝进贡，并请求联姻，中宗应允。公元 709 年，唐中宗封李奴奴为金城公主，许嫁吐蕃赞普赤德祖赞。公元 710 年正月，唐朝派左骁卫大将军杨矩护送金城公主，取道青海，前往逻些，为密切唐蕃关系做出了贡献。《全唐文》录有唐玄宗赐金城公主书信一封、金城公主致唐玄宗皇帝书信三封等，其主要内容都是表现吐蕃与唐朝的友好。如公元 716 年八月，金城公主上《谢恩赐锦帛器物表》称："奴奴奉见甥舅平章书云，还依旧日重为和好，既奉如此进止，奴奴还同再生，下情不胜喜跃。"

金城公主照镜壁画

问遗往来

唐、蕃双方通过政治上的联姻，使团的相互往来，使这条道路呈现出"金玉绮绣，问遗往来，道路相望，欢好不绝"的景象。

唐蕃遣使情况一览

年代	遣使情况
唐太宗贞观八年（634年）	吐蕃赞普松赞干布首次遣使入唐
自唐太宗贞观八年（634年）至9世纪	吐蕃遣使入唐190次，唐遣使入吐蕃100次，双方往来共290次，唐蕃古道因此而兴盛
唐太宗贞观十五年（641年）、贞观二十三年（694年）	僧人玄照首次赴天竺（印度）。贞观二十二年（648年），王玄策出使天竺
唐玄宗开元二年（714年）、开元十七年（729年）	唐玄宗分别派遣左骁卫郎将尉迟瑰、皇甫惟明等入蕃看望金城公主

鎏金西方神祇人物连珠纹银腰带

唐（618—907 年）

通长 95 厘米、宽 3.3 厘米、厚 0.4 厘米、牌饰直径 6.5 厘米

青海省博物馆藏

羽人瓦当

唐（618—907 年）

直径 12.9 厘米、厚 1.7 厘米

民和县川口镇享堂古城出土

青海省博物馆藏

黄地联珠团窠纹对马锦

唐（618—907年）
长9厘米、宽9厘米
都兰县热水墓群出土
青海省博物馆藏

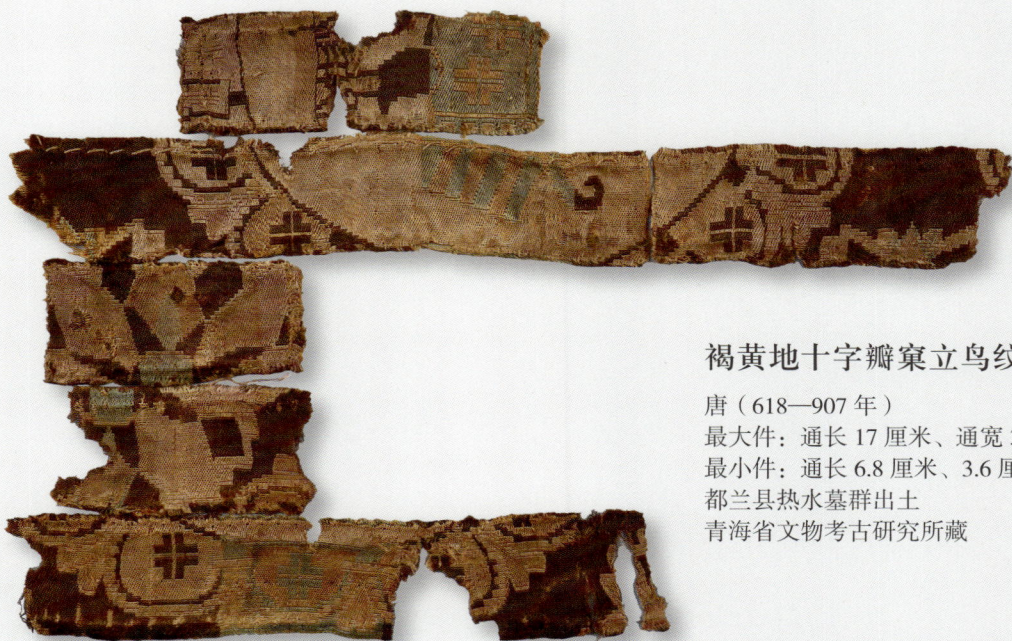

褐黄地十字瓣窠立鸟纹锦

唐（618—907年）
最大件：通长17厘米、通宽3.6厘米
最小件：通长6.8厘米、3.6厘米
都兰县热水墓群出土
青海省文物考古研究所藏

黄地晕绚小花纹锦

唐（618—907 年）
长 45.5 厘米、宽 16.5 厘米
都兰县热水墓群出土
青海省文物考古研究所藏

黄地宝花草叶纹刺绣靴面

唐（618—907 年）
长 37 厘米、宽 24.2 厘米
都兰县热水墓群出土
青海省博物馆藏

黄地龟甲纹绫

唐（618—907 年）
长 18 厘米、宽 12 厘米
都兰县热水墓群出土
青海省文物考古研究所藏

青唐风云

第五部分

PART V.
THE SITUATION OF QING AND TANG DYNASTIES

　　公元 11 世纪初，吐蕃赞普后裔唃厮啰统一河湟吐蕃诸部，定都青唐（今西宁），建立以吐蕃人为主体，包括汉、回鹘、党项等诸民族的地方政权，结束了本地区自唐末五代以来"族帐分散，不相君长"的混乱局面，史称"青唐政权"或"唃厮啰政权"。根据政治需要，青唐政权灵活采取联宋抗夏或联夏抗宋策略。元符二年（1099 年）和崇宁三年（1104 年），宋军前后两次进军河湟地区，终结了唃厮啰政权对青海的统治。

　　青唐政权前后历时近百年，对维护本地区社会的安定、农牧经济的发展、中西交通的畅通等做出了积极的贡献。

第一单元　唐青政权

公元 842 年，吐蕃赞普朗达玛被弑后，青海河湟地区陷入分散的部落割据状态。1032 年，唃厮啰定都青唐城（今西宁市），建立了以吐蕃为主体的地方政权。三世以后，王室内部纷争，政权不能自存。崇宁三年（1104 年），宋军进占河湟地区，改鄯州为西宁州，是"西宁"见于历史之始。北宋灭亡后，金和西夏占据青海东部和黄河以南地区约一个世纪。

唃厮啰统治时期，青海东部地区的经济、文化有了进一步的发展。首府青唐城，是中原通往西域的枢纽。唃厮啰政权一方面保持着吐蕃的文化传统，兴盛佛教。另一方面在宫室建筑、官职制度及农业生产等方面，接受了中原地区的汉文化。唃厮啰政权延续了近百年，至 12 世纪前半期才结束。

宋人李远曾随宋军进入青唐城，以其所见所闻撰有《青唐录》，详细记述了青唐城的建置、风俗等情况。

青唐城遗址

青唐城遗址

目前仅残存南墙一段，长 280 米。据《青唐录》记载："城枕湟水之南，广二十里，旁开八门，中有隔城，伪主居。城门设谯机二重，谯楼后设中门，后设仪门。门之东契丹公主所居也。""城中之屋，佛舍参半。"

元符二年（1099 年），宋军收复青唐城，改名为"鄯州"。崇宁三年（1104 年），宋军再次占领该城，更名为"西宁州"，从此"西宁"一名沿用至今。绍兴元年（1131 年）青唐城被金攻取，绍兴六年（1136 年）该城又落入西夏之手。1227 年，成吉思汗攻占西宁州。洪武十九年（1386 年），明朝在青唐城西北部新筑西宁卫城，该城遂废。

金政权文化影响

12 世纪初，我国东北地区的女真族崛起，建立金政权，随后灭辽国。1125 年开始对宋王朝进行战争。1131 年占据青海河湟地区。继宋之后，统治了西宁、积石、乐、廓等州军。1137 年九月，金将这四州割让给西夏。金和西夏占据青海境内的势力划分，大体以黄河为界，西夏据河北，金据河南。

西夏政权文化影响

1136 年 7 月，西夏出兵攻占金国属地西宁州，随后又占据积石、乐、廓三州，青海东部进入夏、金两国分治时期。1223 年，西夏攻破积石州，今青海东部地区尽归西夏管辖。四年后，西夏为蒙古攻灭，其在青海东部地区的统治也宣告结束。

青唐遗韵

吐蕃政权瓦解后，出现了许多部落集团，多数进入青海的吐蕃人就在当地定居下来。11 世纪初，吐蕃赞普后裔唃厮啰在青海建立政权，定都青唐城（今西宁）。用藏文，讲藏语，信仰藏传佛教，风俗习惯上一方面保持着吐蕃传统，另一方面也接受了中原地区的汉文化，促进了藏族在青海地区的发展。青唐政权灭亡后，虽然唃厮啰家族失去了统治权，但他的后裔仍然生活在河湟地区，王族被中央王朝赐赵姓，如木征被赐名赵思忠、董谷被赐名赵继忠、巴毡角被赐名赵醇忠、巴毡末被赐名赵存忠……

岷州广仁禅院碑

此碑立于北宋神宗元丰七年（1081年）。该碑高六尺，宽三尺，碑额高宽均为一尺八寸，额题九字，为"赦赐岷州广仁禅院记"。碑文共 26 行，1061 字，对于研究"熙河之役"后北宋对河湟吐蕃等政策（政治、军事、民族、宗教）具有重要的史料价值，其中有关吐蕃地区佛教和唃厮啰后裔活动的相关记载，弥足珍贵。

赦赐岷州广仁禅院碑拓片

西夏文板纽铜印

西夏（1038—1227 年）
高 3.4 厘米、宽 7.2 厘米、长 8 厘米
青海省博物馆藏

"通津堡巡检" 铜印

金（1115—1234 年）
高 5.2 厘米、宽 5 厘米、长 5 厘米
大通县东峡出土
青海省博物馆藏

褐釉剔花叶纹瓷罐

西夏（1038—1227 年）
高 22.2 厘米、口径 20 厘米、腹径 27.3 厘米、足径 15.4 厘米
青海省博物馆藏

剔花牡丹纹瓷罐

西夏（1038—1227 年）
高 20.5 厘米、口径 19 厘米、腹径 26.6 厘米、足径 14 厘米
互助县丹麻窖藏
青海省博物馆藏

酱褐色釉直腹束颈小口瓷瓶

西夏（1038—1227 年）
高 29.4 厘米、口径 7 厘米、腹径 13 厘米、足径 10 厘米
青海省博物馆藏

第二单元

湟河边开

河湟开边又称熙河开边、熙河之役，指的是北宋熙宁年间，在宰相王安石的支持下，由王韶主持，宋朝先后收复了宕、叠、洮、岷、河、临（熙）六州。北宋占领熙河地区后，为了继续统治吐蕃部落，断"西夏右臂"，采取了"汉法治蕃"的方策，置州军、动甲兵、开营田、擅山泽、专障管，北宋全面展开了对熙河地区的经营。至政和元年（1116年），"唃氏之地，悉为宋郡县矣"。绍兴四年（1134年），唃厮啰陇拶之弟益麻党征（赵怀恩）前往阆中（今四川阆中）依附南宋，北宋对河湟的统治正式宣告结束。

宋代文化影响

元符二年（1099年）和崇宁三年（1104年），宋军前后两次进军河湟地区，终结了唃厮啰政权对青海近百年的统治。

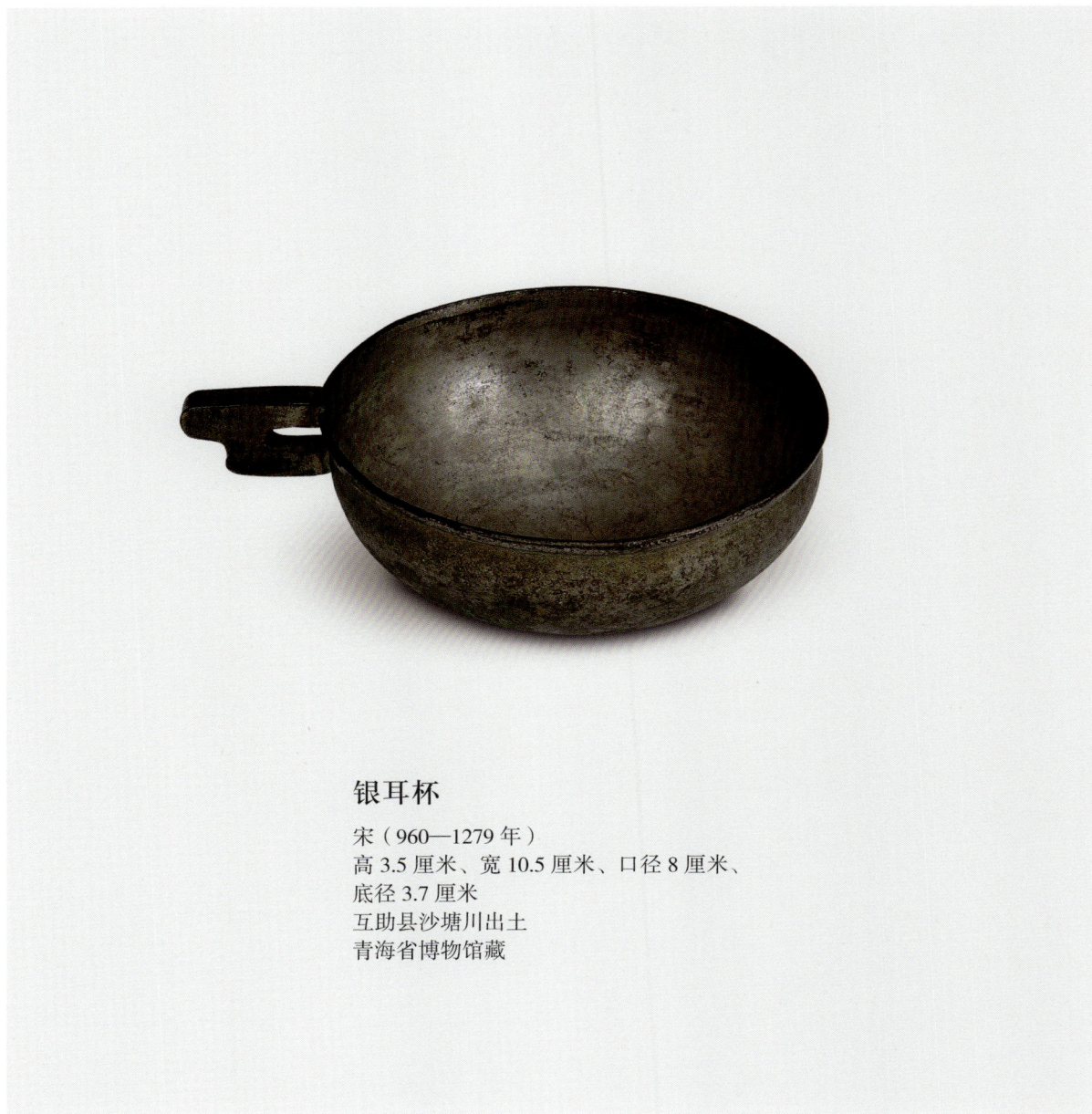

银耳杯

宋（960—1279年）
高3.5厘米、宽10.5厘米、口径8厘米、
底径3.7厘米
互助县沙塘川出土
青海省博物馆藏

黑釉瓜棱瓷罐

宋（960—1279 年）
高 16 厘米、口径 12.3 厘米、底径 8 厘米
两耳间距 16.2 厘米
青海省博物馆藏

六系褐釉瓷罐

宋（960—1279 年）
通长 50 厘米、通宽 40 厘米、画芯长 16.5 厘米、画芯宽 13.8 厘米
青海省博物馆藏

青白釉瓷魂瓶

宋（960—1279 年）
高 72 厘米、口径 9 厘米、
腹径 19 厘米、底径 12 厘米
青海省博物馆藏

堆塑人物青瓷瓶

五代（907—960 年）
高 37 厘米、口径 8 厘米、
腹径 6 厘米、足径 8.5 厘米
青海省博物馆藏

第三单元　唐道青瓷

青唐道是宋代丝绸之路青海道的别名。西夏控制"丝绸之路"中道后，对过往商旅盘剥严重，沿途"夏国将吏率十中取一，择其上品，商人苦之"。因此，"高昌诸国商人皆趋鄯州贸易"，来往于宋朝和西域的商队和贡使只得绕道青唐。在此背景下，青唐道一度兴盛起来。

唃厮啰政权的历代统治者都十分重视以青唐为中心的中西交通线，大力发展经济贸易，千方百计维护道路的畅通，不但增强了自身的实力，也使西域地区与中原地区的政治、经济、文化关系得以维系，为维护东西交通大动脉做出了重要贡献。青唐道所行路线即汉唐丝绸之路故道。

循化黑城子遗址

2017年，青海省文物考古研究所与循化县文物管理所联合对黑城子城址进行了抢救性考古发掘。实际发掘面积5560平方米，清理出房址4座、灰沟13条、灰坑137个，出土陶器、瓷器、铜器、铁器、石器、骨角器及漆木器等400余件。循化黑城子遗址是青海省第一座经过考古发掘的宋金时期驿站遗址，首次发现了一批宋代耀州窑瓷器，这是青海首次发现具有明确地层的瓷器，为研究宋金时期的交通、邮驿制度等提供了较为丰富的实物依据。

循化黑城子遗址

唃家位

随着青唐道的兴盛、商贸活动的繁荣，青唐吐蕃、河西回纥及于阗的进奉使和贸易商队相望于途。北宋在陕西缘边秦凤路、泾源路、环庆路和鄜（fū）延路所属州县，设置了专为接待青唐政权朝贡使、商队以及来自青唐的西域使者和商贾的驿站——唃家位。当时西域诸国使臣、商贾通过青唐吐蕃的引导、护送而入北宋，此外还为西域使臣担任翻译，为青唐道的畅通做出了积极的贡献，促进了北宋与边疆民族之间政治、经济、文化上的互联互通，为维护国家统一、促进民族团结等方面发挥了重要作用。

青唐道总体呈东西向，大致以青唐城（今西宁市）为中心，东至熙州（今甘肃省临洮县）为东段，可称"河湟道"，再向东延伸，可达北宋都城汴京（今河南省开封市）；向西经青海湖南岸、北岸，贯穿"黄头回纥"居住区（柴达木盆地西北部）至今新疆维吾尔自治区若羌为西段，可称"黄头回纥道"，再向西延伸，可通达西域地区。

藏传佛教后弘期下路弘法始祖——喇勤·贡巴饶赛（952—1035 年）

青海省循化县积石镇人，俗名穆苏赛巴。"喇勤"意为大师，"贡巴饶赛"是对他的尊称，意思是通达佛教教义。公元 842 年朗达玛灭佛后，佛教在卫藏沉寂了一百余年。宋太平兴国三年（978 年），佛教又分别从安多（青海）和阿里两路传入卫藏，史称下路弘法和上路弘法。西藏地区的鲁梅等十人赴青海，从喇勤·贡巴饶赛大师受戒学习佛法，返回卫藏后建寺收徒，弘传律藏，是谓"下路弘法"；孟加拉国高僧阿底峡应邀从阿里进入卫藏帮助复兴佛教，是谓"上路弘法"。青海地区的丹斗寺、白马寺成为藏传佛教后弘期传法的祖庭，而喇勤·贡巴饶赛成为藏传佛教东传的初祖。

丹斗寺

丹斗寺壁画

陶钱范

西夏（1038—1227 年）
高 4.5 厘米、长 12 厘米、宽 18 厘米
青海省博物馆藏

"天盛元宝"铜钱

西夏（1038—1227年）
直径 2.3 厘米
青海省博物馆藏

西夏文陶印

西夏（1038—1227年）
高 5.1 厘米、底长 8 厘米、底宽 7.1 厘米
青海省博物馆藏

金钵

宋（960—1279 年）
高 2.6 厘米、口径 8 厘米、腹径 7.7 厘米
互助县沙塘川出土
青海省博物馆藏

双鱼纹银钵

宋（960—1279 年）
高 3.5 厘米、口径 9.5 厘米、腹径 9.1 厘米
互助县沙塘川出土
青海省博物馆藏

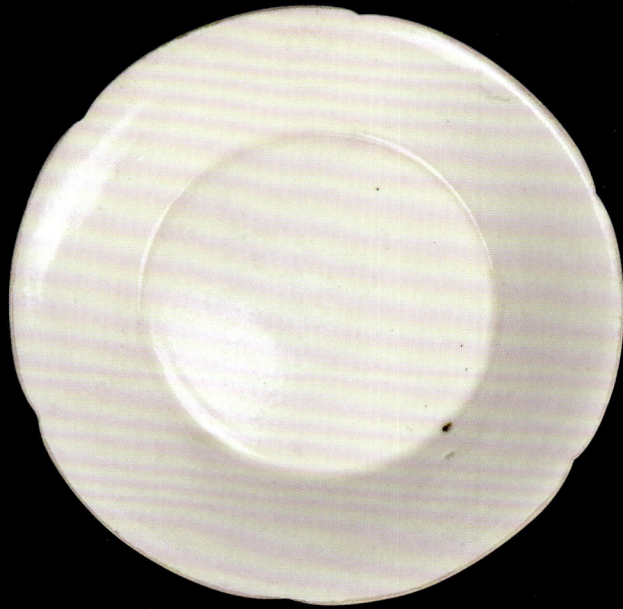

定窑白釉花口瓷盘

宋（960—1279 年）

高 2.3 厘米、底径 8.5 厘米、直径 13.5 厘米

青海省博物馆藏

龙泉窑刻花鹅纹瓷碟

宋（960—1279 年）

高 4.2 厘米、口径 17.9 厘米、足径 5.7 厘米

青海省博物馆藏

兔毫瓷盏

宋（960—1279 年）
高 5.6 厘米、口径 12 厘米、底径 3.5 厘米
青海省博物馆藏

剔花葵口白瓷碗

宋（960—1279 年）
高 6.5 厘米、口径 16.4 厘米、足径 5 厘米
青海省博物馆藏

"崇宁通宝"铜钱

宋（960—1279 年）

直径 3.4 厘米

青海省博物馆藏

白釉点彩陶钵

宋（960—1279 年）

高 7.5 厘米、底径 6.5 厘米、腹径 12.5 厘米、直径 11 厘米

青海省博物馆藏

第六部分 多元一统

THE SIXTH PART
PLURALISM AND UNIFICATION

　　1227年，青海东部地区纳入蒙古汗国版图。1370年，明军控制了青海东部，洪武六年（1373年）改西宁州为西宁卫。清初，河湟地区由蒙古和硕特部首领固始汗控制。雍正初年，平定罗卜藏丹津叛乱后，清政权才正式实现了对青海河湟及以外地区的统治。

　　自元朝之后，青海河湟地区呈现出多民族聚居、多种宗教并存发展的格局。这一时期，茶马贸易兴起，青海的茶马古道成为连通中原与藏区茶马贸易的重要通道。

第一单元

元代统一

13 世纪，蒙古人建立了元朝，开始进入青海地区。蒙古首领阔端和西藏宗教领袖萨班·贡噶坚赞在凉州会晤，达成共识，西藏及青海藏区正式纳入中国版图，随着中央王朝不断加强对青海建政施治，在大一统的形式下青海多民族聚居、共融发展的格局基本形成。

青海多民族分布格局的形成

青海自古以来就是一个多民族聚居的地区，元代以前，该地区虽然已有汉、藏等民族的形成和繁衍，但多民族分布格局现状的真正形成是在元明清之际。回、土、撒拉、蒙古四个民族在这一时期不断迁徙、融合、繁衍，进而逐步形成稳定的民族共同体。元代，随着中国历史上空前大一统局面的出现，民族迁徙和民族融合的进程加剧。明代，随着戍边军屯，汉族人口大规模迁入河湟地区。明中后期，东蒙古部落陆续进入青海湖地区游牧。明末清初，西蒙古东迁和整个清代中原汉族持续移入垦殖，使青海人口大幅增加。青海河湟地区多民族分布格局形成的历史，也是中华民族多元一体格局这一伟大历史进程的典型缩影。

凉州会晤

13 世纪初，蒙古汗国势力崛起，1244 年，驻军凉州的蒙古皇子阔端致书萨迦班智达·贡嘎坚赞，邀请其前往凉州会晤，商议西藏归顺蒙吉汗国事宜，1247 年，双方在凉州（今甘肃武威市）进行了具有深远历史影响的会晤，后世称"凉州会晤"。双方就西藏归顺蒙古汗国形成重大决议，并就户口登记、赋税征收、地方官吏任命等事项达成共识。萨班随即致书西藏各地僧俗首领《萨迦班智达致蕃人书》，公告西藏归顺蒙古汗国事宜，西藏从此正式划入蒙元版图，西藏属于中国。1629 年，萨迦寺法台阿旺·贡嘎索南将"萨班致蕃人书"收录于《萨迦世系史》之中，成为后世研究西藏地方与祖国关系的重要历史文献。

西藏白居寺壁画：元世祖忽必烈与八思巴像

《萨迦班智达致番人书》

元朝对青海地区的管治

元朝统治整个中国后，其地方行政制度大体仿照宋、金旧制，同时推行"政教合一"的政治制度。为了有效地统治青藏高原，除了中枢机构外，又在地方设置了"吐蕃等处宣慰使司都元帅府"，管辖今甘青牧区等。元朝的地方政权机构几乎遍布青海全境，形成了一条比较严密的统治体系。为巩固对占领地区的统治，在军事上作了一系列防御部署，如边徽宗王驻兵镇守、站赤通达边情、布宣号令以及建立青海群牧所等。

青海的土司制度

起源于元代，贯穿于明、清两朝的青海河湟地区土官土司制度，是历代封建王朝对少数民族地区统治政策的延续和完善。

元代土官制度

僧职土官：依托寺院，以僧人为主或僧俗结合。如：玉树尕藏寺第一任寺主旦巴、西纳家族的宗喀万户即西纳喇嘛、囊谦王及根蚌寺住持等。

俗职土官：纳入政府机构序列中的俗职土官。元代撒拉族世袭达鲁花赤韩宝应、世袭万户朵儿只星吉、阿卜束等。

宗喀万户

元代在青海湟水流域西纳家族成员中的萨迦派高僧与蒙古国王室关系密切。西纳堪布喜饶益希贝桑布因在促成八思巴与元世祖忽必烈会晤中做出了贡献，得到八思巴与忽必烈双方的器重。至元年间，八思巴和元世祖共同赐给西纳家族首领西纳贝本虎符印章，封西纳贝本为宗喀万户。西纳家族成为湟水流域最显赫的实行政教合一统治的土官。

镂空青花瓷器物座

元（1271—1368 年）
高 29 厘米、口径 25.5 厘米、腹径 25.8 厘米
青海省博物馆藏

磁州窑兰草纹束颈瓷瓶

元（1206—1368 年）
高 23.2 厘米、口径 6.5 厘米、腹径 16 厘米、底径 11.3 厘米
青海省博物馆藏

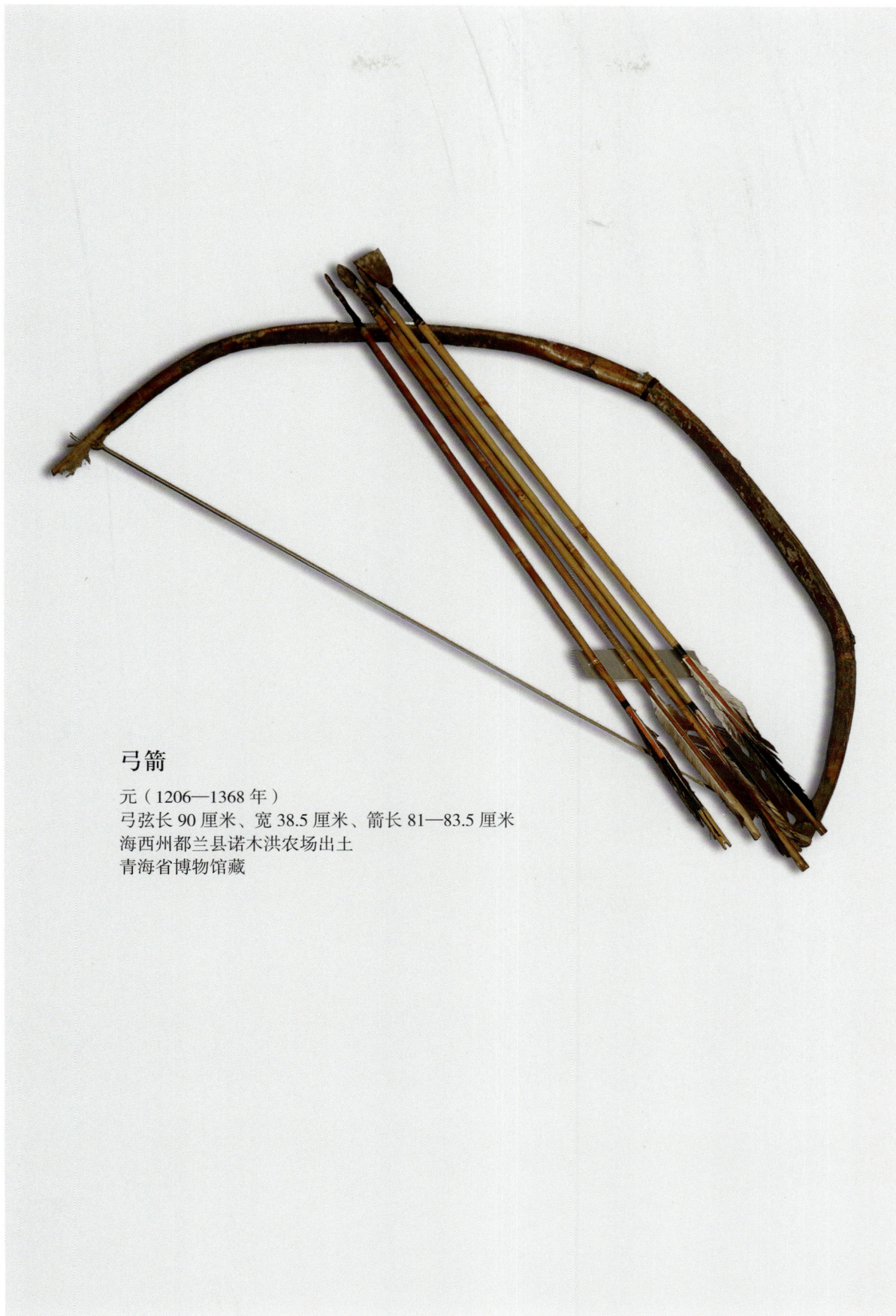

弓箭

元（1206—1368 年）
弓弦长 90 厘米、宽 38.5 厘米、箭长 81—83.5 厘米
海西州都兰县诺木洪农场出土
青海省博物馆藏

纸币

元（1206—1368 年）
长 27 厘米、宽 19 厘米
海西州都兰县诺木洪农场出土
青海省博物馆藏

纸币

元（1206—1368 年）
长 31 厘米、宽 21.5 厘米
海西州都兰县诺木洪农场出土
青海省博物馆藏

第二单元

卫田
设屯

明朝在进行卫所设置的同时，在河湟地区推行"以卫所为依托、土官流官参治、以流治土、以土治番"的治理政策。明代河湟地区的屯田以军屯为主要形式，这对保证西北边疆的安定起到了积极作用。由于屯田的开展，相应地出现了移民现象，并直接影响到今天青海民族的构成和分布的格局。同时也带来了中原先进的生产技术，促进了青海农业的发展。

西宁卫是洪武六年（1373年）由元代西宁州改名而来，下辖六个千户所，其中右所治碾伯（今乐都区），其余左所、中左所、中所、前所及后所均治卫城，隶陕西行都司。关西七卫是指明朝在嘉峪关以西（今甘肃西北、青海北部及新疆东部）设立的7个羁縻卫所，先后有安定、阿端、曲先、罕东、沙州、赤斤蒙古、哈密七卫，又称"西北七卫"和"蒙古七卫"（七卫首领皆为蒙古贵族），后沙州卫内迁，在其故地又设罕东左卫。其中安定、阿端、曲先、罕东归西宁卫管辖，沙州卫、赤斤蒙古卫、罕东左卫归肃州卫管辖。西宁卫和关西七卫的设立对巩固明代西北边防、保障西域和藏区使臣商旅往来、促进民族融合和团结等方面起到了积极作用。

西宁卫城

目前仅残存北墙及东墙数段。明洪武十九年（1386年），长兴侯耿炳文率陕西诸卫军士筑成，"基割元西宁州故城之半，周围九里一百八十三步三尺，高厚皆五丈。月城高四丈，壕深一丈八尺，阔二丈五尺。门四，角楼四，敌楼一十九，逻铺三十四，东门连关厢，商贾市肆皆集焉"。嘉靖二十一年（1542年），兵备副使王昺（bǐng）重修。万历三年（1575年）、二十二年及二十四年又陆续修缮及添加设施，"腹土肤砖，始称巩固"。清时为西宁府城，雍正十一年（1733年），时任西宁总兵官印务范时捷奏请重修，"修垣为丈者一千五百三十有六，内裒（póu）实土，外甃（zhòu）用砖，……金汤益固矣"。该城民国后废弃。

西宁卫城

明代西宁卫长城

明正德、嘉靖以后，东蒙古势力进驻青海后，不断袭扰西宁卫，为保障河湟及青海牧区的安定，明嘉靖二十五年至万历二十年（1546—1592年）左右，在西宁卫周边险要地方筑起绵延330余公里的明长城，从北、西、南三面构成拱卫形状。该段长城系明代长城的一条支线，与沿线的城堡、烽燧等军事设施共同构成完整的防御体系。

大通县元树儿敌台

大通县下庙沟长城1段

开设儒学

明初置儒学提举司，昭天下府州县皆立学。后来都司、行都司和卫也置儒学。明宣德二年（1427年），西宁卫开设儒学。以后在成化、弘治及清朝时对儒学校舍多次增修，扩大学校规模。此外，在卫城、碾伯建社学，对15岁以下学生进行有关本朝律令及礼仪制度等方面的教育。儒学教育的开展，使青海地区开始有举人、进士产生。

西宁卫进士张问仁

西宁人，生卒年不详。嘉靖三十四年（1555年）考中举人，第二年又进士及第，出任阳城县（今山西运城县）知县。任职期间，"兴学校，杜纷争"，恪尽职守，有"一邑称廉平"之说，因政绩卓著，先后担任了工部员外郎、山东佥金事、直隶昌平兵备道佥事等职。

张问仁"善诗文"，对青海诗歌的发展有着举足轻重的作用，可惜大多散佚，著有《河右集》八卷、《闵子集》若干卷，多反映时事民疾。他还在《西宁府新志》中录存有《重修西宁卫城记》《经略少保郑公西征平虏记》《湟中破虏碑记》等文章多篇，文笔典雅流畅，是研究青海地方史的重要文字资料。

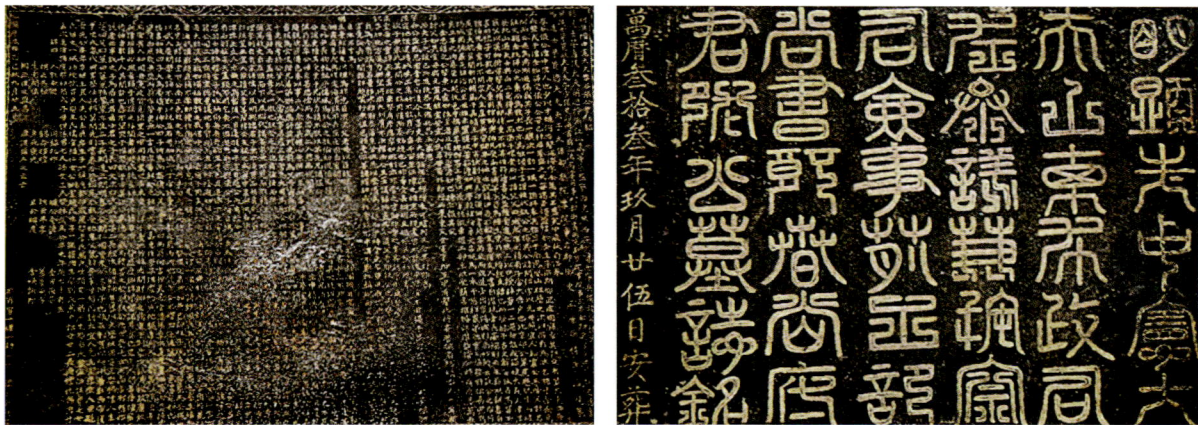

张问仁墓志铭及墓志盖

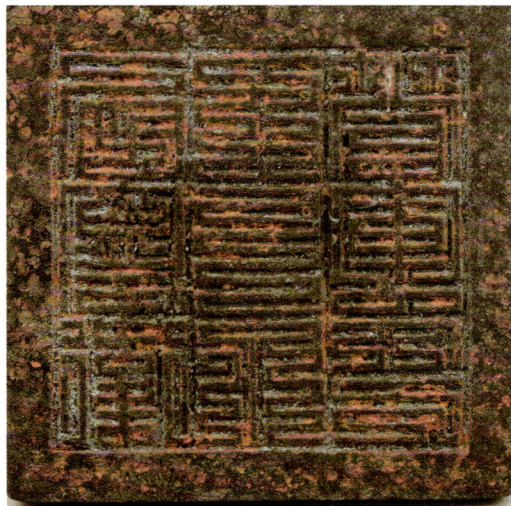

西宁卫千户所管军印

必里卫中千户所之印

必里卫，明代建制。明太祖洪武四年（1371 年），以元时必里万户府改置必里千户所，隶河州卫。明成祖永乐元年（1403 年），升为必里卫。卫属羁縻性质，无流官派守，职官由部落首领担任，仍受河州卫节制。辖境今海南藏族自治州和黄南藏族自治州部分地区。明末废。

屯田与移民

明代河湟地区的屯田以军屯为主要形式。嘉靖以后，明政府根据形势的变化，对屯田政策做了一些调整与改革，军屯渐渐趋于解体，屯田逐步向民田转化。

东部农业区以国有屯田及封建领主和寺院的土地所有制为主要形式，以零星的自耕农土地作为补充，西部、南部牧业区则是部落领主占有制。西宁卫、归德千户所均属沿边卫所，国营屯田在农业中占有重要地位。

柴国柱家族墓

柴国柱（1568—1625 年），字擎霄，号峨峰，西宁卫清水堡（今大通县景阳乡）人，明代名将。万历中由世荫历西宁守备，骁勇善射，击寇南川，勇冠三军。因功进都指挥佥事、累擢都督佥事、陕西总兵官，改镇甘肃，后镇潘阳。天启初，功加左都督，1976 年，青海省文物考古队为配合大通大哈门水库建设工程，对其家族墓地进行了部分发掘。

永乐款铜鎏金自在观音像

明（1368—1644 年）
高 26 厘米、底长 16.2 厘米、底宽 11.4 厘米
青海省博物馆藏

永乐款铜鎏金观音立像

明（1368—1644 年）

通高 146.5 厘米、底长 63.5 厘米、
底宽 44 厘米

乐都区瞿昙寺

青海省博物馆藏

永乐款铜鎏金圆腹三足香炉

明（1368—1644 年）
高 65.7 厘米、腹径 50.8 厘米
乐都区瞿昙寺
青海省博物馆藏

宣德款铜鎏金双耳活环瓶

明（1368—1644 年）
高 79.2 厘米、口径 28.6 厘米、腹径 46.1 厘米
乐都区瞿昙寺
青海省博物馆藏

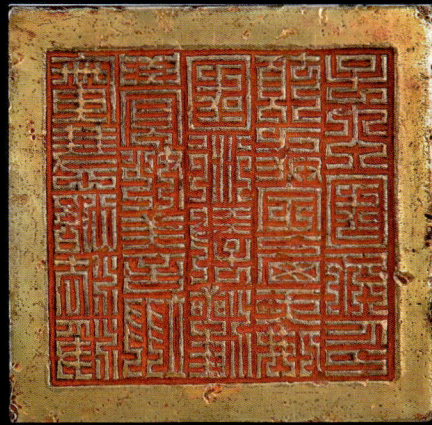

铜鎏金大国师印

明（1368—1644 年）

高 10 厘米、长 10 厘米、宽 10 厘米

乐都区瞿昙寺

青海省博物馆藏

"西宁卫指挥使司"封诰

明（1368—1644 年）

长 305 厘米、宽 30 厘米

青海省博物馆藏

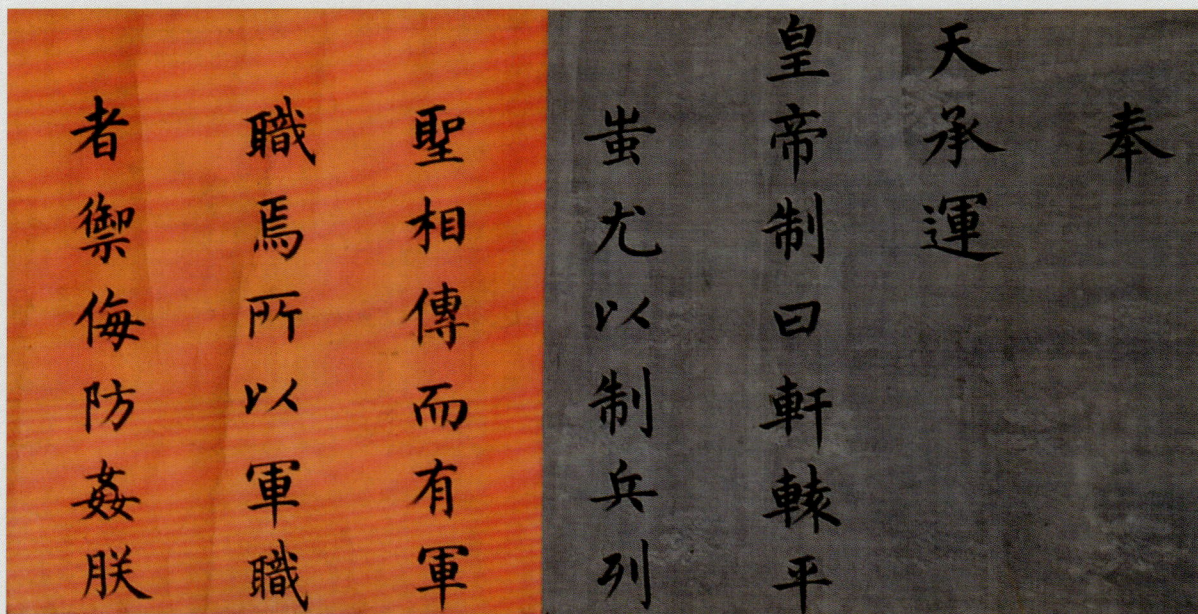

德化窑梅树瓷插瓶

明（1368—1644 年）
底长 7 厘米、宽 4.4 厘米
口长 5.7 厘米、宽 3.4 厘米、高 9.9 厘米
乐都区瞿昙寺
青海省博物馆藏

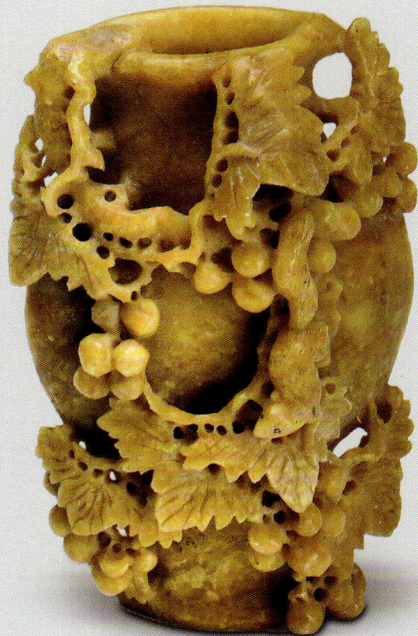

玉雕葡萄笔插瓶

明（1368—1644 年）
底长 4 厘米、宽 1.7 厘米
口长 4 厘米、宽 1.7 厘米、高 9.5 厘米
身长 6.1 厘米、宽 3.7 厘米
乐都区瞿昙寺
青海省博物馆藏

第三单元 清代政施

固始汗

固始汗

明清鼎革之际，控制青藏的和硕特蒙古固始汗和五世达赖、四世班禅于崇德二年（1642年）派使团觐见清太宗皇太极。1644年初夏清军入关，占据北京，建立清王朝。顺治时承认固始汗的地方政权，贡使常至北京并入关贸易。1647年固始汗表示服从清朝，各部使者入贡。1658年诸部与清朝地方官达成划界放牧协议，保持了暂时稳定。

清代和硕特蒙古

明崇祯九年（1636年），固始汗率以和硕特蒙古为主的卫拉特蒙古联军进入青海地区，相继击败青海牧区的却图汗、康区白利土司、卫藏地区的藏巴汗，建立和硕特蒙古汗庭，统治青藏地区，同时也开启了和硕特蒙古在青海的历史。固始汗将青海分给其八子和其他卫拉特蒙古部，史称"青海八台吉"，建立了对青海的军事统治。顺治三年（1646年），固始汗与卫拉特各部首领二十二人联名奉表贡，清政府赐以甲胄弓矢，命其统辖诸部。顺治十年（1653年），赐封其为"遵行文义敏慧固始汗"，承认了他的地位。罗卜藏丹津之乱后，结束了和硕特部在青海的统治地位。和硕特部统治青藏期间，独尊格鲁派（黄教），奠定了该派在藏传佛教各派中的优势地位。

平定罗卜藏丹津叛乱

罗卜藏丹津是清代青海和硕特蒙古贵族首领，固始汗之孙，达什巴图尔之子。康熙五十三年（1714年）承袭其父的亲王爵位，成为青海和硕特部蒙古贵族的最高首领。罗卜藏丹津对于清朝不许他干预西藏的控制权和族内混乱方面的规定深感不满。从西藏返回青海后，罗卜藏丹津暗中约定准噶尔部策旺阿拉布坦为援，组织叛乱。雍正元年（1723年），罗卜藏丹津胁迫青海蒙古各部贵族于察罕托罗海会盟，发动武装割据叛乱。清政府闻变后，立即命年羹尧、岳钟琪等率军镇压，很快将叛乱平定。

粉碎叛乱后，清政府采纳了年羹尧所奏"青海善后事宜十三条"及"禁约青海十二事"，对青海地区的行政建制作了重大改革。改西宁卫为西宁府，下设两县一卫（西宁县、碾伯县、大通卫）；对蒙古族各部采取编旗设佐领措施，共编为二十九旗；同时派驻"办理青海蒙古番子事务大臣"（简称"西宁办事大臣"），管理青海一切政务，使青海完全置于清朝中央政府直接管辖之下。

铜锡合金"青海西左前旗扎萨克之印"

清（1636—1912 年）

边长 10.7 厘米、高 11.0 厘米

青海省博物馆藏

铜 "西宁土官指挥使之印"

清（1636—1912 年）
高 12.0 厘米、长 8.4 厘米、宽 8.4 厘米
青海省博物馆藏

青花缠枝莲纹贯耳瓷尊

清（1636—1912 年）
高 59 厘米、口径 22.5 厘米、腹径 41 厘米、底径 26 厘米
青海省博物馆藏

**光绪仿雍正款蓝彩缠枝纹
瓷净水壶**

清（1636—1912 年）
高 18.5 厘米、口径 14 厘米、腹径
8.2 厘米、底径 7 厘米
青海省博物馆藏

素三彩八仙人物瓷炉

清（1636—1912 年）
高 13 厘米、口径 14.5 厘米、腹
径 21.5 厘米、底径 12.5 厘米
青海省博物馆藏

粉彩百鹿纹瓷尊

清（1636—1912 年）
高 46 厘米、口径 19.5 厘米、腹径 35.6 厘米、足径 21.6 厘米
青海省博物馆藏

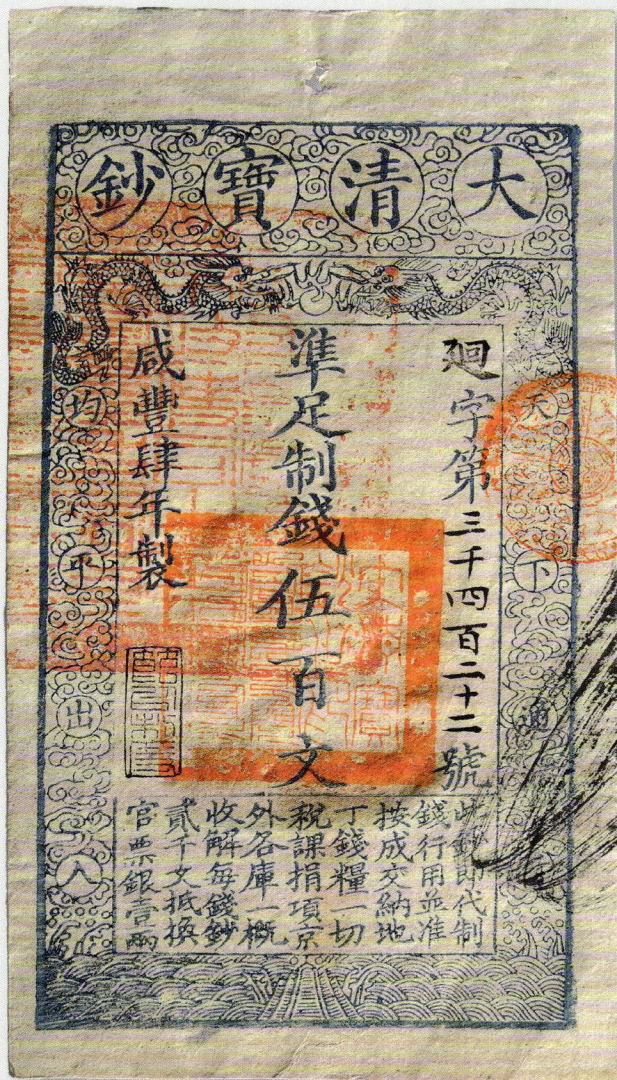

伍百文"大清宝钞"纸币

清（1636—1912 年）

长 23 厘米、宽 12.7 厘米、芯长 12.8 厘米、芯宽 23 厘米

青海省博物馆藏

景泰蓝莲瓣纹带盖执壶

清（1636—1912 年）
高 31.5 厘米、口径 9.5 厘米、腹径 17 厘米、
底径 9.5 厘米
青海省博物馆藏

鎏金铜錾花玉如意

清（1636—1912 年）
长 46.5 厘米、柄头宽 11 厘米、柄宽 5 厘米
青海省博物馆藏

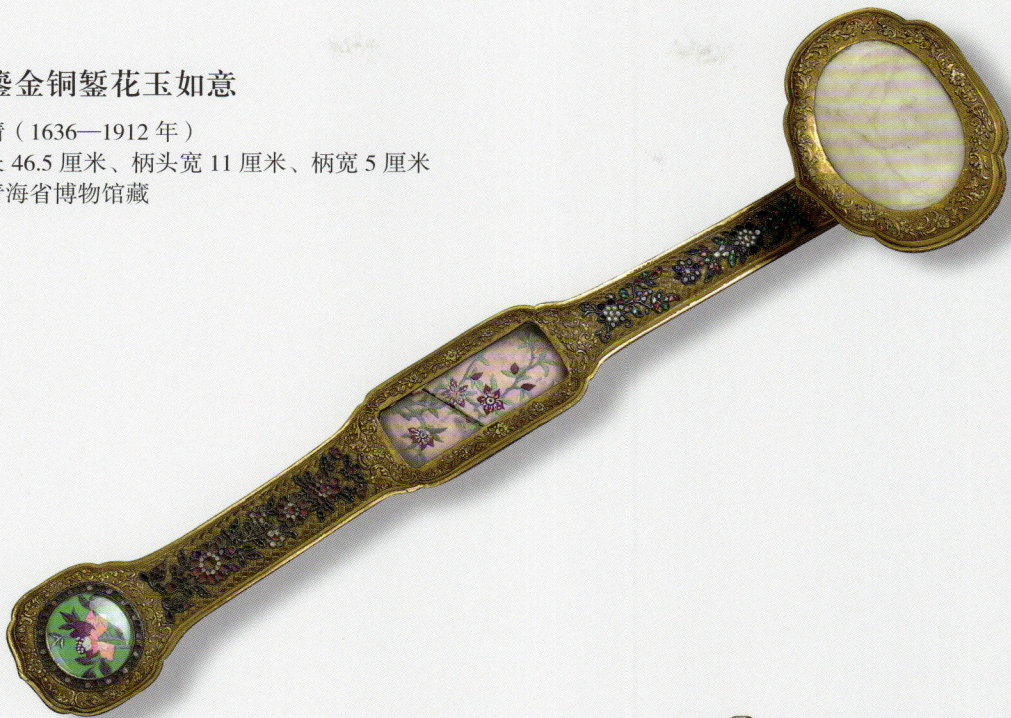

噶当铜塔

清（1636—1912 年）
高 21.8 厘米、底径 11.4 厘米
青海省博物馆藏

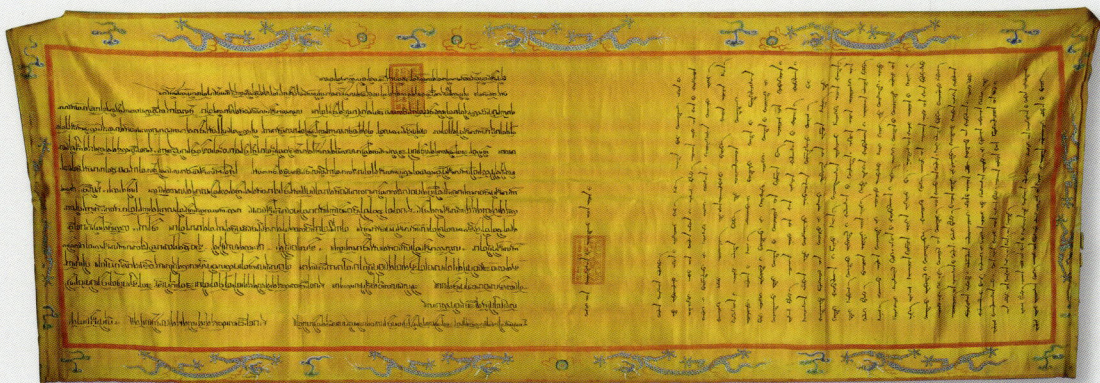

青海办事大臣奉转乾隆皇帝关于寻找历辈察汗诺门汗转世灵童谕旨之布告

清（1636—1912 年）
长 214 厘米、宽 76 厘米
青海省博物馆藏

绿釉蟾蜍瓷洗

清（1636—1912 年）
长 23 厘米、宽 22 厘米、高 14.5 厘米
青海省博物馆藏

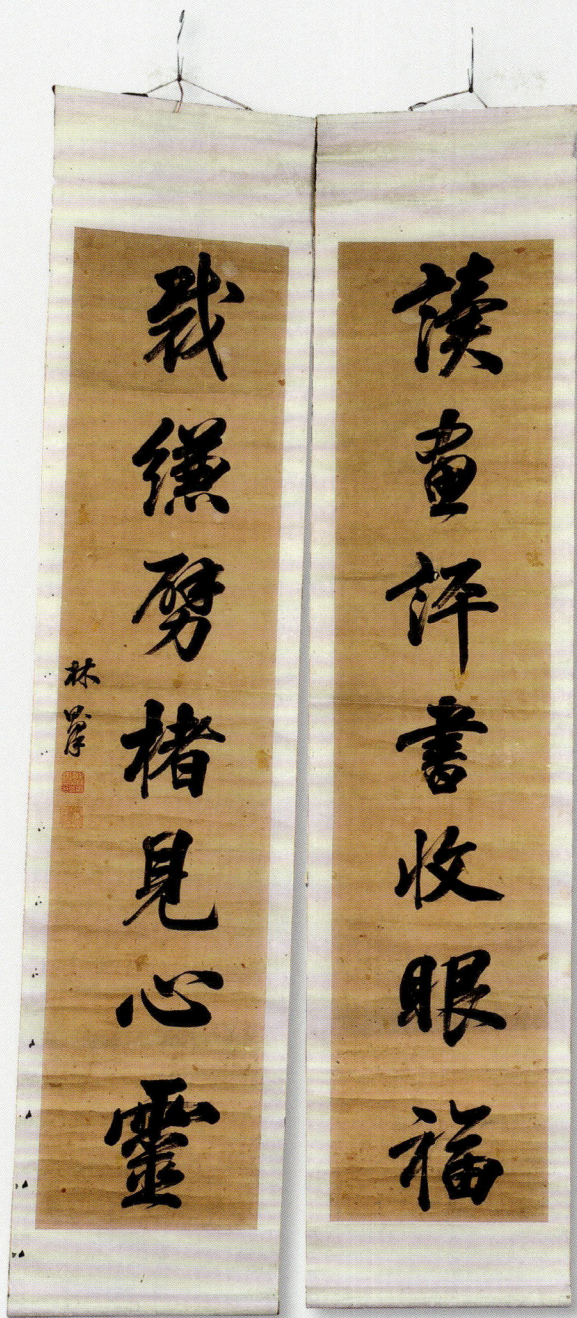

林则徐对联

清（1636—1912 年）

长 173 厘米、宽 37 厘米、芯长 141 厘米、宽 30.5 厘米

青海省博物馆藏

第四单元

元化
多文

青海地域历来就是多民族的聚居地区，由于特殊的地理环境和历史渊源，青海民族成分复杂，汉族、藏族、回族、土族、撒拉族、蒙古族等继承并不断创新自己的民族文化。道教、藏传佛教、伊斯兰教、汉传佛教、苯教、基督教、天主教分布于全省，其中藏传佛教、道教、伊斯兰教影响最广，各种宗教文化渗透在各民族文化当中，与群众的日常生活息息相关，构成了多元民族文化的重要部分。

瞿昙寺

　　瞿昙寺位于乐都区瞿昙镇，是青海唯一一座由皇帝敕建的佛教寺院，也是明朝同青海藏区进行联系推行"抚边"政策的枢纽。

　　明朝初年，人称"三罗喇嘛"的西藏高僧，从西藏来青海弘扬佛法。朱元璋表其忠顺，于明洪武二十二年（1389 年）请至南京，尊为上师，后被封为西宁僧纲司都纲，是西宁卫的宗教领袖。洪武二十五年（1392 年）开始建寺，洪武二十六年，朱元璋特赐寺额"瞿昙寺"，瞿昙即"乔达摩"，是佛教创始人释迦牟尼的姓氏和尊称。瞿昙寺历时 36 年修建完成，是明代青海东部最大的佛寺。

　　瞿昙寺的建筑群是典型的官式宫殿，从山门起的中轴线上，有金刚殿、瞿昙殿、宝光殿、隆国殿等大建筑，左右两边陪衬以碑亭、壁画廊、大小钟鼓楼等小建筑，风格不同的殿堂、古朴的斗拱构成了明代建筑特色，被誉为"青海小故宫"。

　　雍正元年（1723 年），瞿昙寺寺主阿旺宗泽参与了青海蒙古贵族罗卜藏丹津发动的叛乱，寺主封号被革，领地也大大削减，瞿昙寺地位日渐衰微，随即被塔尔寺替代。

瞿昙寺

塔尔寺

塔尔寺又名塔儿寺，位于青海省西宁市湟中区鲁沙尔镇。创建于明嘉靖三十九年（1560 年），于万历五年（1577 年）建成。得名于大金瓦寺内为纪念黄教创始人宗喀巴而建的大银塔，藏语称为"衮本贤巴林"，意思是"十万狮子吼佛像的弥勒寺"。

塔尔寺是中国藏传佛教格鲁派（黄教）六大寺院之一。历代中央政府都十分推崇塔尔寺的宗教地位。明朝对寺内上层宗教人物多次封授名号，清康熙帝赐有"净上津梁"匾额，乾隆帝赐"梵宗寺"称号，并为大金瓦寺赐有"梵教法幢"匾额。

酥油花、壁画和堆绣被誉为"塔尔寺艺术三绝"，另外寺内还珍藏了许多佛教典籍和历史、文学、哲学、医药、历法等方面的学术专著。

塔尔寺

宗喀巴的诞生与黄教的兴盛

明代改变元代独尊萨迦派的政策，对藏传佛教各派首领均予尊崇封号，对进贡番僧均予优厚赏赐。允许广建寺院，并赐封土地，专敕护持。

明初，盛行于青藏高原的藏传佛教主要有萨迦派（花教）、宁玛派（红教）、噶举派（白教）和噶当派，其中一些教派不重视宗教戒律，不习"显宗"，重视"密宗"，受到群众的厌弃。在这样的背景下，出现了一位宗教改革家——宗喀巴（1357—1419年）。他创立了藏传佛教一个新的派别，即格鲁派，俗称"黄教"。

宗喀巴所创建的黄教对西藏佛学的各个流派兼收并蓄，在理论上使大乘佛教更系统化、具体化，一经创建就在藏区广泛传播，黄教寺院大量出现，黄教势力几乎垄断了整个青海藏族地区，对青海的政局产生了深远的影响。明王朝也通过它有效地维持了广大牧区和少数民族地区的封建统治。

互助县白马寺

位于青海省互助县红崖子沟湟水北岸。古称金刚崖寺，藏语称玛藏观，建于11世纪。相传它的创建与藏传佛教史称之为"下路弘传"的复兴佛教活动的首创人喇勤·贡巴饶赛有关。寺内曾供有他的泥塑像，山崖下现有一尊石雕像，作"左手托钵、右手掌前推"状。

"弥勒望河"石雕佛像

互助县白马寺

青海藏传佛教与艺术

吐蕃政权控制青海地区时，青唐城内塔寺众多，以至于"城中之屋，佛舍居半"。蒙元崛起后，藏传佛教很快在蒙古族民众中流传。明代对藏传佛教也采取宽容和扶持态度，使藏传佛教在青海地区有了较大发展，著名的瞿昙寺、塔尔寺都是这一时期修建的。清代，青海地区"无日不修寺庙，渐至数千余所。西海境诸民，衣尽赭衣，鲜事生产者几万户"。到雍正初年，"查西宁各庙喇嘛，多者二三千，少者五至六百"。

青海造像基本上继承了西藏造像的传统式样，按照《造像度量经》制作，艺术风格与表现手法又明显受到了中原艺术的影响，如男性尊者面容饱满，多为"国"字形脸，女性尊者多为瓜子形脸，柳叶弯眉。唐卡与壁画，背景图案构图饱满，繁缛复杂却不凌乱，色彩艳丽却不媚俗。青海的藏传佛教艺术，不断吸收外来艺术营养，同时融合藏民族本土艺术，表现出了极强的生命力。

元代青海佛教的盛行

在元中央政府的支持和地方上层势力的赞助下，青海地区的佛教势力得到迅速发展，藏传佛教的多种流派如萨迦派、宁玛派、噶当派和噶丹派在青海均有活动，他们修寺建院，广招门徒。许多寺院得到朝廷的赏赐，高级僧侣得到特殊的礼遇。

夏琼寺

珍珠寺

青海道教文化

青海道教文化深厚，从某种意义上说，渊源于昆仑山崇拜的昆仑文化是道教文化仙山崇拜、寻求不死之术的根底。青海道教传播发展过程中与其他宗教和睦共处、相互交流，为维护青海民族团结和宗教文化生态平衡发挥了重要作用。

青海的伊斯兰教文化

唐宋时期，就有一些阿拉伯、波斯商人来青海东部经商。元初，大批西域穆斯林随蒙古军徙居青海，他们信仰的伊斯兰教也随之传入并得以发展。13世纪初，撒拉族先民的迁入和明清"移民实边"政策的实施。使穆斯林人数迅速增加，促进了伊斯兰教各派的传播和发展。

平安区洪水泉清真寺

洪水泉清真寺始建于明代。坐西朝东，整体建筑为典型的中国传统汉式建筑风格，由照壁、大门、唤醒楼、碑楼（被毁）、大殿及学房等组成，占地面积6000多平方米。在建筑风格上，与伊斯兰教早期建筑式样有显著不同。大量融合了汉、藏等民族的建筑艺术，尤以砖雕、木雕图案最为精美，所雕图案大部分为"二龙戏珠""龙凤呈祥""吉祥八宝""万蝠图"等吉祥图案，反映出多民族文化交流融合。

平安区洪水泉清真寺

彩绘般若波罗蜜多佛母木板画

明（1368—1644 年）
长 111.5 厘米、宽 62.5 厘米、厚 2 厘米
乐都区瞿昙寺
青海省博物馆藏

铜五股金刚杵

清（1636—1912 年）
长 23.3 厘米、杵头宽 8.2 厘米
青海省博物馆藏

法螺

清（1636—1912 年）
通长 25.2 厘米、通宽 19 厘米
青海省博物馆藏

镶珊瑚颅骨法鼓

清（1636—1912 年）
高 8.5 厘米、直径 13.8 厘米
青海省博物馆藏

清彩绘千手千眼观世音菩萨大唐卡

清（1636—1912 年）
青海省博物馆藏

正德款阿文筒式铜香炉

明（1368—1644 年）
通高 11 厘米、腹径 12.7 厘米
青海省博物馆藏

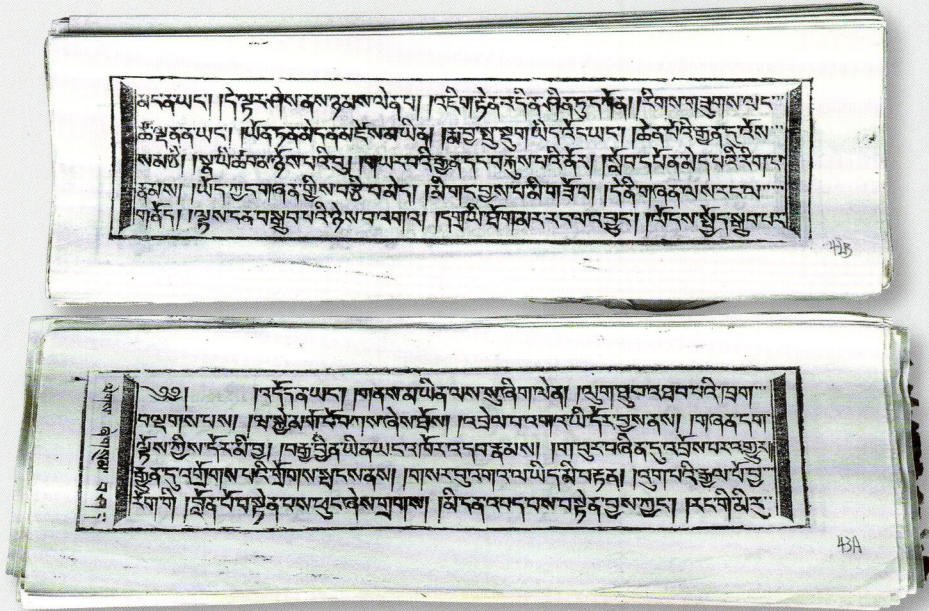

《萨迦格言》

清（1636—1912 年）
长 27 厘米、宽 10 厘米、厚 2.8 厘米
青海省博物馆藏

茶马古道

延续千余年的茶马互市形成了著名的茶马古道。茶马古道是把产茶地区与产马地区联系在一起的道路，中间以洮州（治所今甘肃省临潭县）、河州（治所今甘肃省临夏市）、甘州（治所今甘肃省张掖市）、庄浪（今甘肃省永登县）、西宁5个茶马司为贮存茶叶的重要节点。供应青海的茶叶主要集中收贮在西宁茶马司，其茶叶主要来自四川、陕西和湖南。形成了以陕西—西宁、四川—西宁、湖南—西宁三条古道主线，再从茶马司到各少数民族部落之间辅以众多的支线、附线构成的茶马道路系统。

茶马互市

茶马互市起源于南北朝时期。隋唐时期在青海境内的承风戍（今拉脊山口）、赤岭（今日月山）分别与吐谷浑、吐蕃进行交马互市。晚唐时期茶马互市渐渐增多。北宋时茶马互市的规模扩大，政策和措施也进一步完善，政府有掌管茶叶专卖与买马事宜的机构——"茶马司"。"掌榷茶之利，以佐邦用：凡市马于四夷，率以茶易之"，"盖青唐之马最良，而蕃食肉酥，必得蜀茶而后生"，"国家买马两万匹，而青唐十居其八"。青唐地区成为北宋战马的主要来源地，因而使得茶马古道得以拓展。元朝马匹充足，茶马互市处于停滞状态。明代茶马贸易的管理机构更加庞大，推行"差发马制""金牌信符"等制。洪武三十年（1397年），在西宁卫城的北大街设茶马司，纳马地点在镇海堡（今湟中多巴镇通海村）。到清代雍正时期，茶马互市作为一种重要制度逐渐从历史的地平线上淡出，取而代之出现了"边茶贸易"制度。

〔宋〕李公麟《温溪心献马图》

党项茶马故道

党项羌原居住于青海东南部及甘肃、四川相邻地区，以畜牧经济为主。7世纪后期，吐蕃尽占党项属地，党项拓跋部向唐请求迁往内地，被安置在静边州（今甘肃庆阳）。此后，党项拓跋部又迁到灵州（今宁夏吴忠）。1038年，其首领李元昊在兴庆府（今宁夏银川）筑坛受册，继皇帝位，建大夏国，史称"西夏"。

党项故地所属黄河九曲及以南地区，出产名马，史称"河曲马"。今四川阿坝地区是马匹的贸易枢纽，今甘肃武都地区是茶叶贸易集散地，党项与两地进行茶马交易，逐渐形成党项故道，其路线大体是：自西安西行，经凤县、成县等地，到达茶叶集散地武都；从武都北出洮岷或西出迭部抵党项故地；由迭部西南至今阿坝，经久治、班玛、达日至玛多河源地区；或由洮岷溯河西经今黄南州的河南、泽库县及同德至兴海夏塘古城与唐蕃古道会交，是一条以茶马贸易为主的运输线路。

玉树结古镇

金牌信符

明代。现藏于贵德县博物馆。长方形，铜鎏金，顶部半圆形，正面铸楷书"信符"二字，背铸篆书"皇帝圣旨"四字，下部为"合当差发，不信者死"八字，骑缝处有"拾伍"字样，是当年下发给必里卫21面金牌中的一面。此信符为明代以茶易马的专用凭证。

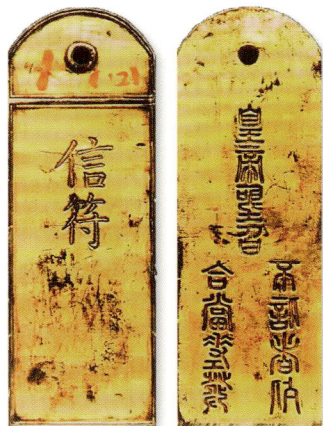

金牌信符

玉树结古镇

玉树在历史上是唐朝与吐蕃间文化贸易交流、宗教传播、使者往来的必经之地。川茶经康定入道孚、甘孜渡金沙江至昌都，"昌都本由炉霍赴藏之大道"，"茶商以山路险峻，又艰于雇牛，故取道结古，以期省便，是结古为茶商必由之路明矣"。结古在藏语中是"货物集散地"的意思，自古以来是连接西藏、四川及内地的交通要道，是青海茶马互市的重要驿站和枢纽。

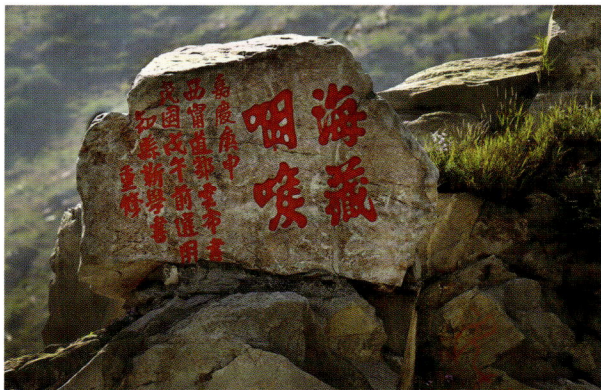

丹噶尔古城

丹噶尔古城

丹噶尔古城自古扼守唐蕃古道，是丝绸南路的咽喉，也是商业贸易的重镇，自西汉以来，便成为商贸要地。唐王朝与吐蕃在今日月山下设立了青藏高原上的第一个"茶马互市"的商衢之地。清平定罗卜藏丹津叛乱后，对互市严格控制，只准每年二月、八月在日月山进行互市交易。后清政府将日月山互市地点移至丹噶尔（今湟源县），丹噶尔城很快成为"汉土回民、远近番人及蒙古人往来交易之所"。清《丹噶尔厅志》中记载称"青海、西藏番货云集，内地各省商客辐辏（còu），每年进口货价至百二十万两之多"，成为当时西北地区显赫的民族贸易的重镇。民国时，丹噶尔古城贸易更加兴盛，被誉为"环海商都""小北京"。

青海省建置沿革表

时代	建置情况
公元前 111 年	汉王朝在湟中设"护羌校尉"，筑西平亭（今西宁市），开始了对青海东部的控制
公元前 81 年	设金城郡
公元前 60 年	设"金城属国"，新增临羌、安夷、破羌、允吾、允街、河关、浩亹七县归金城郡管辖。青海东部地区正式纳入中原封建王朝郡县关系
公元 205 年前后	置西平郡
公元 439 年	置鄯善镇（今西宁市），辖西平、洮河二郡。后改鄯善镇为鄯州
公元 609 年	隋军大败吐谷浑，隋炀帝复设西平郡，新置西海、河源、且末、鄯善四郡
公元 618 年	设鄯州、廓州管辖河湟地区。同一时期，吐蕃崛起，统一西藏，向青海扩张
公元 1034 年	唃厮啰政权建都青唐城（今西宁市），臣属于宋
公元 1104 年	宋军进占河湟地区，改鄯州为西宁州。"西宁"始见于历史
公元 1227 年	成吉思汗进军攻占西宁州，青海东部地区并入蒙古帝国统治
公元 1371—1373 年	明朝设河州卫，改西宁州为西宁卫，后陆续增设"塞外四卫"等羁縻卫所
公元 1725 年	改西宁卫为西宁府，设置青海办事大臣
公元 1929 年	青海省从甘肃析出，正式单独建省
公元 1950 年	青海省人民政府正式成立，以西宁为省会

铜鎏金马鞍

明（1368—1644 年）
高约 85 厘米、长约 64 厘米、宽约 50 厘米
乐都区瞿昙寺
青海省博物馆藏

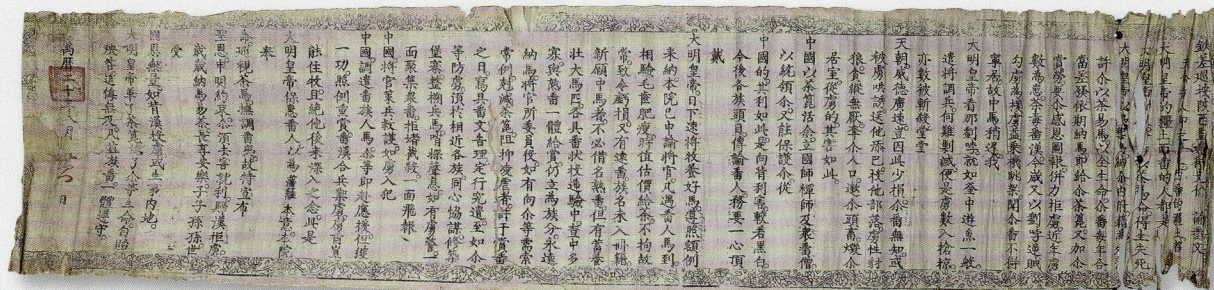

茶马互市布告

明（1368—1644 年）

长 140 厘米、宽 35 厘米

青海省博物馆藏

横雪冈铜藏币

清（1636—1912 年）

直径 2.4 厘米

青海省博物馆藏

铜藏币

清（1636—1912 年）

直径 1.9 厘米

青海省博物馆藏

铜火锅

清（1636—1912 年）
高 53 厘米、腹径 49.8 厘米
青海省博物馆藏

铜多穆壶

清（1636—1912 年）
高 40.5 厘米、口径 20 厘米
青海省博物馆藏

山水万重的青海，地貌南北三分，文化农牧兼蓄。

扼守冲要的青海，民族聚居融合，交通连接中外。

昔日的山、水、路，是演绎青海厚重历史的舞台，但探讨青海的历史文化则要进一步拉开历史的时间和空间维度，在更广阔的视域下沉思，或许你会发现：

青海历史最重要的篇章其实是青海以外区域的各种力量在此地冲撞交融时，青海承担了怎样的角色和发挥了哪些功用，亦即青海的历史"不在"青海。盖因它始终是纽带和节点，我们越过青海的河谷峻岭，思绪或盘桓在条条古道的尽头，或追随滔滔东去的河湟之水。

时移势易，新时代的青海有了自己新的定位，在铸牢中华民族共同体意识里，且看大美青海、人文河湟——正以登高望远的精神，铿锵前行！